HAIZIDEXUEXIKANDEJIAN

孩子的学习看得见

一线教师对幼儿行为的观察、记录、分析、解读

◎主编 刘彦芝

图书在版编目（CIP）数据

孩子的学习看得见 / 刘彦芝主编． -- 济南：济南出版社，2017.1

ISBN 978-7-5488-1739-0

Ⅰ．①孩… Ⅱ．①刘… Ⅲ．①学前教育－教学研究 Ⅳ．① G612

中国版本图书馆 CIP 数据核字（2017）第 009878 号

责任编辑	郑　敏
封面设计	刘　哲
装帧设计	王　宁
出版发行	济南出版社
地　　址	山东省济南市二环南路 1 号
邮　　编	250002
电　　话	（0531）86131730
网　　址	www.jnpub.com
经　　销	各地新华书店
印　　刷	山东临沂新华印刷物流集团
版　　次	2017 年 1 月第 1 版
印　　次	2017 年 1 月第 1 次印刷
开　　本	170mm×240mm　16 开
印　　张	10.25
字　　数	155 千
印　　数	1—1500 册
定　　价	48.00 元

法律维权　0531-82600329

（济南版图书，如有印装错误，可随时调换）

海纳百川　厚德载物

志存高远　成就梦想

　　　　　　　　　初志荣

编委会

主　编：刘彦芝

编　委：（按姓氏笔画排序）
　　　　王修阳　李　玲　李卫龙
　　　　宋　宁　张　伟　张振天
　　　　徐晓丽　郭彩瑞

编　者：全体教师

不断更新的"学习故事"

杜长娥

"学习故事"来自于新西兰,作为一种叙事性评价方式,在"故事"中把儿童看作是"有能力、有自信的学习者与沟通者",提倡从相信和接纳儿童的视角观察、解读和促进儿童的学习,培养儿童有助于学习的心智倾向,并支持儿童建构和发展关于自己、他人以及自己所生活的这个世界的理论。新西兰的这种"学习故事",需要教师提供一个符合孩子身心发展需要的宽松的学习环境和低结构的操作材料。在孩子与环境及材料的互动过程中,教师通过"注意——识别——回应"三个环节,关注孩子做了什么、学习到了什么,将如何进一步支持孩子的学习,充分体现"孩子在前、教师在后","孩子是学习的主体,教师是孩子学习的支持者、合作者、引导者",弥补了我国传统标准化评价的不足,关注真实的学习情境所具有的复杂性,强调幼儿作为主动的学习者建构意义的全面过程,对深入贯彻落实我国的《幼儿园指导纲要(试行)》和《3-6岁儿童学习与发展指南》起到很好的促进作用。

"学习故事"的引进是在2013年8月份从北京开始的,全国各地都在积极地投入研究和实验中。临沂也不例外,我们通过全市的幼儿园园长和骨干教师培训将这一评价方式引入到临沂。目前,多数幼儿园还处在等待和观望的阶段，以刘彦芝园长为首的市妇联文知星幼儿园通过探索、实践，呈现出了这本沉甸甸的"学习故事"。在惊讶之余，我迫不及待地读完了一个个娓娓道来的真实的"学习故事"，孩子们鲜活的自主学习的形象跃然纸上，我欣赏着，更感动着！建园短短三年时间而迅速成长起来的市妇联文知星幼儿园，从园长到每一位老师都勤奋好学、积极进取。他们在支持儿童学习和发展的同时，也在不断地学习并发展着自身良好的学习品质：积极主动、认真专注、不怕困难、敢于探究和尝试、乐于想象和创造，是他们为孩子的成长撑起一方蓝天，让孩子们自由、快乐、健康、幸福地成长！

　　作为一个亲眼目睹幼儿园崛起的教育工作者，我要由衷地感谢这个积极进取的团队！成长的故事在继续，学习的故事也在逐步更新，祝愿更多更好的"学习故事"不断涌现！祝愿市妇联文知星幼儿园有更加美好的明天！更祝愿孩子们在这个大家庭里享受幸福、健康、快乐的童年！

　　刘园长邀请我写点儿什么，我们都需要继续学习、继续进步，以此与各位共勉！

2016 年 4 月

写在前面的话

　　著名教育家陶行知先生说"教育为本，观察先行"。唯有通过观察和分析，才能真正了解儿童的内在需要和个别差异，制定和实施有效的支持策略，以促进儿童的持续有效发展。

　　关于"学习故事"这个"舶来品"，第一次听说还是在一次和杜长娥主任的闲聊中了解到的，那时她就鼓励我说："在你们园可以先行开展。"但直到2015年春季开学初教师培训时，我才提到了我也了解不多的新西兰"学习故事"和他们的儿童观、教育观，并组织大家观看了由杜长娥主任提供的华爱华教授"让儿童的学习看得见"和成都十六幼付国庆"以幼儿园游戏质量管理促进《指南》的贯彻落实"两个讲座视频，他们都以案例的方式提到了"学习故事"，但并没有深入介绍。当时我们分析了我园开园三年来，一直重视游戏和生活的独特教育价值观，在自主性区域游戏活动方面开展的相对比较扎实这一现状，我们就此提出了全体教师要结合平时的观察记录，学习写"学习故事"，并布置了在六月份将开展"学习故事评比活动"的任务。

　　2015年6月，大家各自选了一篇自己最满意的作品交上来评比，当阅读了大家的全部"学习故事"后，感觉大家写得有价值。很明显大家的理念在转变，儿童观发生了改变，教育观在渐渐地转变，感谢杜长娥主任进行了全部阅读并给予了点评，提出了宝贵意见。

　　直到2016年春节期间，我有时间静下心来详细观看了国家大学开放网上的"周菁博士的'学习故事'专题讲座"，才慢慢醒悟，

我们老师写的根本算不上"学习故事"。不仅理念我们没有吃透，而且"学习故事"的记录、识别、回应三个步骤我们也没有遵循。转念一想，与拘泥于"学习故事"的书写形式相比，只要有利于孩子的发展，促进了教师观念的更新，行为的转变和提升，不符合"学习故事"的要求又何妨，就这样，大家继续以这种形式工作着、观察着、记录着、分析着、学习着，撰写了大量的"学习故事"。

这本册子，之所以呈现在了大家面前，源于家长经常问起"幼儿园里，孩子到底学了什么？玩游戏有什么用？教师是怎么施教的？你们的教育理念是什么？"等等这些隔在幼儿园和家长之间不是问题的问题。虽然幼儿园通过家长讲座、家长会、半日开放、亲子游戏等方式一直重视家园沟通，但在我的心里总有一种不到位、不过瘾的感觉。当我在反复认真地看老师们交上来的"学习故事"时（把"以孩子的学习为切入点写的这些叙事性观察记录"勉强称为"学习故事"），我一下豁然开朗，也就有了这一本册子的诞生。

最后，感谢妇联领导对我们工作的信任和支持，感谢杜长娥主任对我们的厚爱和培养，感谢老师们辛勤的付出。在这个陪伴孩子幸福成长的旅程中，我们也享受着教育之美，我们一定会越做越好！

刘彦芝

2016 年 4 月

目录 content

小班幼儿学习故事案例

静待花开 ... 2
有趣的"路条" ... 5
敲出来的智慧 ... 7
彩色粉笔涂色 ... 11
爱上数字朋友 ... 13
静待花开 ... 15
李智宇的新发现 ... 18
卖冰激凌喽 ... 20
你愿意帮我吗 ... 22
数学敏感期 ... 25
我学会了等待 ... 28
等待 ... 30
娃娃家的精彩 ... 32
王啸煊的朋友 ... 35
我爱绘画 ... 38
我知道了七巧板的秘密 ... 40
我终于知道了其中的奥妙 ... 42
在爱的陪伴下成长 ... 45
我陪在你身边 ... 47
执着的孩子 ... 49

中班幼儿学习故事案例

有趣的磁铁 52
开火车 54
穿木珠 56
海绵宝宝房子餐厅 59
小球的滚动 61
我们都是木头人 64
安静的小女孩 66
奥特曼 68
我们在一起 70
第一次尝试 72
告状 74
好多的串珠 76
剪窗花的"男子汉" 78
我们一起来传球 81
美工区的小巧手 83
瓶子秀造型 85
我的新发现 88
我不是"结婚狂" 90
我来帮助你们吧 92
我是小小建构家 94
梧桐叶 96
有趣的独木桥 98
灵巧的手 101

我叫小美 103
在分享中成长 105
炫酷的警察局 108

大班幼儿学习故事案例

神奇的影子 112
《黄气球》的魅力 117
白纸上的五子棋 119
凑数赢糖果 121
在被拒绝中成长 124
分享的意义 126
建构区活动与合作培养 130
数的魅力 132
图形争五 134
蜗牛壳的故事 137
享受学习 139
有趣的多音字 141
老师,看我投篮 143
照顾植物 145
走进生活,走进自然 147
原来大家可以一起玩 149
学会等待 151

第一部分

小班幼儿学习故事案例

静待花开

徐晓丽

观察对象：王巍然（3岁）
观察时间：2015年9月—12月
观察地点：室内及室外

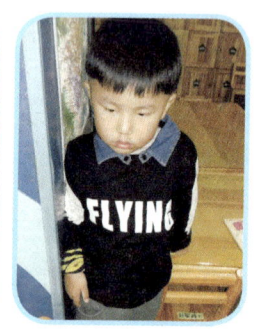

你是一个帅气的男孩，可是初次来到幼儿园的你，脸上一点儿也不开心。别的小朋友不开心会哭，可你不哭，就安静地在一边待着。不管是户外活动还是区域活动，你经常安静地待在一个角落里，好像小朋友们在做的事情和你没有关系。你也不自己吃饭，一到吃饭时，你就坐在那里等着。后来得知你在家现在还是由家长喂着吃，我告诉你："宝贝，你已经长大了，上幼儿园了，你可以自己吃饭喽，你看就像老师这样用勺子，一点点来。"你告诉我："等我长那么大了就会了。"当我拿勺子喂你时，看着你张大的嘴巴，我在心里打算的是如何和你的爸爸妈妈配合，解决你自己吃饭的问题。

每每看到你自己一个人游离在小朋友的外围，我总会过去尝试着把你领进来。可是我好像一直在碰壁，但是看到你孤单的身影，我心里真的很着急。于是和你的妈妈约谈，了解你在家里的情况，还打热线电话给专家咨询，我才明白这并不是偶然，于是我释怀了，不再干着急，我选择了等待，等待你自己走进来。我相信游离在一边观察的你一定也在默默地成长着。

慢慢地我发现你在吃饭时只要有可以用手直接拿起来吃的东西（比如馒头、精肉包等）你就自己吃，如果没有可以直接用手拿着吃的东西（比如蛋炒饭、面条等）你就坐在那里不动，等着喂。即使这样我也很惊喜，至少你开始自己吃了，虽然不完全是，但是总比一点儿不吃要好、要有进步。而且我发现班里刚开始的几次分享日，你什么也不带，分享时你也不去，只是安静地坐在那里，一副事不关己的样子，但是飘移在伙伴们五彩纷呈的玩具上的眼神出卖了你也想参与的心思。于是后来你也带玩具来了，只是一开始你只是一个人玩自己的，慢慢地你开始和小朋友分享，不管是玩具还是好吃的，你正在一点点改变和进步。

我很惊喜地看到你正在一点点地变化，由吃饭时自己一点儿也不吃到自己开始吃方便的食物；由不愿参与分享到带玩具来一个人玩，到和小朋友们交换着玩，再到把自己的好吃的点心分享给小朋友，这确实是一个大的进步。看到你正慢慢地融入我们小一班这个暖暖的大家庭中，我真的很开心。

户外活动或者集体活动时，你也不再是观望状态，你开始慢慢地参与进来。而且在参与的过程中我看到了你脸上的笑容，我知道你是开心的。

孩子的学习看得见

区域活动时,你也从一个守望的小男孩开始慢慢转变。老师引导你读书时,才发现原来你是一个爱读书的孩子,问你的问题你也能回答得很好。就这样从一开始老师读给你听到你自己读,慢慢地你从需要老师领着你来读书到自己主动去看书,你在一点儿一点儿地转变。进而开始了其他工作的选择,而且范围越来越宽泛,并且会和小朋友进行友谊赛。

你就这样一点点、一步步地进步着,就在上一周我惊喜地发现你开始动手用勺子吃饭了,而且吃得又快又干净,我都被你惊讶到了!在你这三个多月的成长过程中,你的语言能力、思维能力、交往能力都随着你的转变在进步。虽然现在你和小朋友的沟通还不是那么主动,但是你已经开始起步。我相信你一定会天天进步,我也会在你的身上不断地收获惊喜。相信不远的明天,我就会看到一个不一样的你。孩子,我期待你更加美丽的蜕变,加油!

园长的话:好一个"静待花开",很欣赏你的积极等待,在引领下放手,帮助而不代替。这样我们看到的是孩子由内而外呈现出来的渐渐变化,是整个生命的成长。事实上所有的教育都要通过被教育者的自我接受来实现,只有当被教育者认同了所要接受的东西,才会下意识地把它转化为自己的行为或思想,才会有成效,哪怕是幼小的孩子也是一样。

刘彦芝

有趣的"路条"

相俊俊

观察对象：马悦杨（2岁8个月）
观察时间：2015年5月8日
观察地点：托班教室

你的名字叫马悦杨，小名乐乐。最近你迷上了彩泥，这几天你一直选择美工区的彩泥工作。今天的区域自选时你仍然选择了彩泥的工作而且玩得津津有味。你将一块彩泥团搓啊搓，搓得又细又长。

我猜你应该是在搓面条，不过我没有开口，而是一直静静地观察着你。你这个年龄段的孩子一般刚开始是没有目的性的，反而完成之后才会说出自己要制作的东西。我能做的只是等待、观察。

不一会儿你拿起你的细细长长的作品给我看："老师，面条。"我说了声"嗯"之后就在你旁边坐了下来看你怎么继续玩。你将面条放在了一边，像你的好朋友孙小童一样将剩余的彩泥捏成了一个个的球。每一个小球你都仔细认真地压到很扁，而且小球是越来越小的，你将小球一个个按照从大到小排了起来。

模仿是3岁左右幼儿的主要学习方式，通过模仿学习别人的做法，但是你在模仿的过程中也有了自己的思考创新。从你的作品可以看出，你已经有了序列和大小的概念。整个活动过程，你特别专注、耐心。

我很奇怪你要玩些什么。我问道："这是什么呀？""路啊。"我默默地点了点头，不禁感叹你的想象力。然而接下来的事情更让我出乎意料，你将小

孩子的学习看得见

球一个一个地摆放在了"面条"上，很认真地摆弄着。我在想这又是什么啊，我真的很认真仔细地想了，但是也没想出你到底要干什么。就在你快完成的时候，你兴奋地告诉我："这是路条。"我恍然大悟。看着你可爱的小模样，我欣慰地笑了。

你能结合自己制作的面条和摆的石头小路有新的联想，很有想象力和创造力。

平日里真的需要静下心来耐心专注地观察孩子。只有这样我们才会渐渐了解孩子，才能真实地看到孩子们的发展水平进而做到及时对孩子们进行适宜地提升引导。此时，我似乎理解了"先向孩子学习才能做孩子的老师"的道理。

园长的话：在这个故事里，我看到了一个充满了兴趣有着强烈观察欲望的老师；我看到了一个以全然开放的心态探究孩子内心世界的老师；我还看到了一个对孩子怀着谦卑之心并懂得反思的老师。

观察永远是施教的基础。事实上成人对孩子有太多的不了解，犯了太多自以为是的错误。今天你对"先向孩子学习才能做孩子的老师"有了更深的体悟，真的很难得，希望教研时，你向大家分享。在这儿向你推荐一本好书，蒙台梭利的原著《童年的秘密》，相信读后会收获更多。

刘彦芝

敲出来的智慧

徐晓丽

观察对象：朱德轩　朱贺　葛容辰　邹昱（3岁—3.5岁）

观察时间：2015年9月22日

观察地点：活动室日常区

今天区域自选活动时，孩子们根据规则依次去选择自己喜欢的区域。朱德轩小朋友选择了敲的工作，或许是因为新添工作的原因，又或许是工作本身对你的吸引，你一直在反复做这份敲的工作，中间有一位小朋友过去征求你的意见想和你一起工作，被你拒绝了。

你很认真很安静地工作着，沉浸在敲的乐趣中，对于工作中的四种颜色你也能很熟练地一一对应，可见你对颜色已经有了初步的认识和辨别能力。当小朋友过来征询你的意见想和你一起工作时，你能根据自己的想法，勇敢地说出自己的意见，可见你很有主见，也勇于表达自己的想法。

当我再次把视线放到你身上时，我发现你的身边围了三个小朋友，从他们的眼神中我可以看得出来他们都很想参与这份工作。我很想知道刚才拒绝和别人一起玩的你，面对小朋友这么渴望的眼神，现在是不是依然会拒绝他们，于是我悄悄地来到了你们的身边。很意外也很惊喜的是我听到了你们这样的对话。

朱　贺：我可以和你一起玩吗？

朱德轩：（你看了看蹲在你前面的朱贺和葛容辰，认真想了想，然后回答。）可以，但是你要先买卡。

朱　贺：好，给你卡。

朱德轩：好，你来敲一个。

葛容辰：（刚才一直在观察，现在明白了怎样做就可以玩了。）给你卡。

朱德轩：好，你们两个一人一次，轮着来。（说着你把小木槌和工作推到她们两个前面，还像一个指挥家一样，看到朱贺敲了一个小球，接着就把小木槌接过来递给葛容辰，还不忘嘱咐"一人一次"，完全就是一个小大人，更像一位掌控全局的王者。）

整个过程中，邹昱一直在一边观察，很想玩，却不知该怎样加入，但是他还是在观察着。

我很意外也很惊喜地看到你们的互动过程，在听到你说得先买卡时，我很好奇朱贺他们三个小朋友会怎么做，没想到朱贺都没怎么思考，直接把手伸出来说："给你卡。"反应速度那叫一个快，你也丝毫不逊色，说："好，你来敲一个。"虽然仅仅是一个动作，根本没有什么卡，但是你们完成了交易。这时候，一旁的葛容辰看明白了，也伸出手来给你卡，于是你就指挥着她们俩一个一个轮流玩。朱贺和葛容辰两个小朋友你敲一个，我敲一个，轮流玩着，你的表现就像一个掌控一切的王者，所有的一切都在你的掌控范围内自由快乐地进行着。这个过程可以看出你和朱贺的语言能力和沟通能力都很好，反应灵活，葛容辰的观察能力也很强。

就在你指挥着朱贺和葛容辰你敲一个我敲一个的时候,邹昱着急了。

邹　　昱:还有我啊,我也想敲。

朱德轩:你要先买卡。

邹　　昱:我没有卡啊!(着急而且无奈。)

这时候朱贺和葛容辰又轮完一轮,朱贺又向你伸出手,说:"给你卡。"邹昱恍然大悟,伸出小手,学着朱贺的样子说:"给你卡。"接下来,你指挥着他们三个快乐地玩着工作。

这时候,我听到朱贺喊:"错了!错了!"回头一看,原来邹昱在归位颜色小球时,把蓝色小球放在了绿色的球洞里。于是你们三个告诉邹昱,这是蓝色的球要放在蓝色的洞里,绿色的球要放在绿色的洞里,邹昱一个劲地直点头。你们一起合作把小球归好位,又开始了新一轮的游戏。

这个过程可以看到邹昱小朋友还不能很好地区分颜色,接下来的学习中要注重

孩子的学习看得见

引导邹昱对颜色的认知学习。同时我也看到了你们之间的合作意识，整个过程虽然是四个小朋友玩这一份小工作，但是你们的合作非常愉快，期待你们更加精彩的表现。通过游戏也可以看出，你们的社会交往正在发展，小朋友间也很需要这种交往，今后应加强培养。

园长的话：在你的故事里，我看到了一个充满好奇乐于观察孩子的老师，一个善于走进孩子内心、了解孩子的老师，一个能够以专业的角度分析判断孩子发展能力水平的老师，这一切又是为了你接下来有针对性地实施教育引导。真好！

透过你故事中四个3岁的小主人公，我们看到：孩子的学习就是在游戏中那么不经意地发生着，这种自发性学习品质、交往能力、沟通中的语言发展和观察中的学习，令我们激动，使我们震惊。

正如蒙台梭利强调的：儿童本质上是积极的主体，蕴藏着创造力和志趣爱好。教育孩子的成人，要尊重孩子的人格和自发性，让他们有机会从事自己选择的活动，仅当他们通过努力而不能解决时，才需要帮助。

刘彦芝

彩色粉笔涂色

梁晓倩

观察对象：全体幼儿（3岁—4岁）

观察时间：2015年3月第四周

观察地点：室外

一个阳光明媚的午后，我带领孩子们来到后院的地砖上，拿出彩色粉笔和孩子们一起涂地砖。我先向孩子们介绍了材料彩色粉笔以及它们的颜色，然后又示范了如何把地砖涂上颜色，简单地讲了一下要求，就让孩子自己选择喜欢的颜色进行涂色了。

孩子们在积极涂色的时候我在旁边观察，看到对于涂色女孩子要比男孩子更感兴趣。有一些孩子不太会拿粉笔，有一些孩子拿得就很好；有一些孩子是一笔一笔涂的，有一些孩子是来回反复涂的。

我特别注意了何佳豪。他平时在教室工作和上课的时候专注力并不好，很容易受外界的干扰。这次涂色，一开始他不能很好地拿笔，经过多次尝试，他找到了拿笔和涂色的方法，逐渐地开始感兴趣。我一直在旁边看着他，他涂得越来越顺利，而且比较专注，和在教室里工作状态完全不一样了。

孟恒毅却对涂色不怎么感兴趣，一个人走来走去。我走过去问："你怎么不涂啊？"他说："我不想涂。"我说："我和你一起涂好不好？"他同意了。于是我和他一起拿笔涂了起来。涂了两块砖，他说："老师，你看我涂得好看吧？"我说："很好啊！"他说："我不想涂了。"我犹豫了一下说："那好吧！"他

孩子的学习看得见

就离开了。

鲁梓呈涂得很认真。他很认真地选择自己喜欢的颜色，专注地涂着，并且涂得很均匀，每一笔的面积也很大，显然他找到了比较省劲的涂色方法。他高兴地说："老师，你看我涂得好看吧？"我点头称赞。他又继续涂了起来。

三三两两的小女生聚在一起，头对头涂着，商量着哪种颜色好看，说说笑笑涂得不亦乐乎。

在涂色接近尾声的时候，何佳豪还是在那里专注地涂。孩子们做出代表胜利的手势让我给拍照。阳光洒在他们的脸上，稚嫩的小脸上充满了快乐。

越简单的活动孩子们越喜欢，尤其是能让他们自己做主的活动。从涂色可以看出，平时喜欢在美工区工作或者自理能力强的孩子拿笔就比较好，而且能很快找到简便的方法，同时也比较专注。不经常去美工区的孩子，在拿笔上就会有些欠缺，需要老师不断鼓励。同时我也发现，给孩子创造怎样的环境很重要。不喜欢教室美工区的孩子，换一种方式（比如到室外涂涂画画），则引发了他的兴趣，何佳豪就是很好的例子。为了孩子们，我们会继续努力！

园长的话：理念不一样，教育品质则不一样。幼儿阶段的教育更应该是促进整个生命的成长，而不是按照成人的意愿和要求生硬地灌输。老师的用心则必然换来孩子们良好的发展。好一群幸福的孩子！

刘彦芝

爱上数字朋友

相俊俊

观察对象：石其灵（4岁）

观察时间：2015年10月20日

观察地点：本班教室

你的名字叫石其灵，小名萌萌。在我看来，你有些男孩子的个性，头发也是短短的。今天区域活动时你选择了数棒的工作。刚开始的时候你很认真地将数棒从1到10取过来，并按照从1到10的序列排了起来，一直非常专注认真。等我观察其他孩子回来的时候，你正拿着数字卡一张张地放在数棒上对应。我想看看你接下来的学习，这可是你今天的新举动，于是我坐了下来。你将所有的数字与数棒一一对应上，而且一点儿都没有出错哟。接下来，你将数棒3与数棒1放在了一起，在想着什么，但一会儿你又把这两个数棒放了回去，接下来你好像要放弃继续工作。于是我介入了："我可以和你一起工作吗？""可以！"你答道。"那，我们来算个数学题吧？"我说。你点了点头。"咱们来数数看，数棒1和数棒2合起来是几啊？"我将数棒1和数棒2合在一起，轻轻地数着。"3。"你脱口而出。"好，也就是1+2等于3。"我嘴里说着，"那1+3等于几呢？也就是数棒1和数棒3合起来是……"我一边说着一边将数棒合起来，你很快就数出了是4。我

孩子的学习看得见

　　点了点头并向你笑了笑。你主动要求我再给你出个题。"好吧，1和4合起来是几？你来算算看。"你很快将数棒1和4放到了一起。并且准确地告诉了我得数5。我说："你好棒！"看你意犹未尽的样子，我去拿了一张纸和一支笔。我一边写一边说："1加……"没等我写完，你已经将加号和等于号说出来了。"看来你已经认识这两个新朋友了。"我把写有算式题的纸条递给了你："你试试看吧。"我到一边观察着，你很认真地操作着，并将正确结果告诉了我。

　　两个小时的区域自选活动，你都在选择这份工作，而且脸上挂着甜甜的微笑……

　　我庆幸及时发现并介入了石其灵的工作，才有了今天给她带来的成长和发展。

　　园长的话：幼儿的学习之所以会产生爆发式的结果，其实这来自平时大量的操作感知。在众多的操作材料面前，石其灵选择了10以内数量、数名、数字的红蓝数棒和数字卡的工作，一工作就是两个小时，这是为什么？她内在的秘密，我们无法知道，我们只能从她的外在表现，揣测她开始对数学感兴趣（数学敏感期来了）。孔子曰："不愤不启，不悱不发。"你做到了。我们通过观察，试着来读懂孩子；通过他们的表现，试着分析他们的能力水平；更重要的是思考他们接下来的发展可能性，继而创设有利于他们继续学习的操作材料和及时回应他们需求的人文环境。我们一起努力，加油！

　　　　　　　　　　　　　　　　　　　　　　　　　刘彦芝

静待花开

曹丹丹

观察对象：解一宸（3 岁）
观察时间：2015 年 9 月—11 月
观察地点：活动室日常区

你的名字叫解一宸，来幼儿园已经两个多月了，很难看到你和哪个小朋友讲话或者一起玩。在教室里一直都是不笑不恼的表情。老师提醒喝水你就去喝水，提醒上厕所你就去厕所，就连下午离园奶奶来接时也是这样，别的小朋友看见爸爸妈妈、爷爷奶奶来接，不等老师喊名字就早跑出来了，只有你，哪怕看到了奶奶，也会等到老师喊你的名字才会慢慢地走过去。

就连孩子们最喜欢的区域活动你也不参与，把手插在裤子里，在教室没有任何表情地走来走去，不去碰任何一份工作。有时我很纳闷：这么多工作怎么就没有你喜欢的？我忍不住过去引导你："一宸，你看小朋友们都玩得很开心，你喜欢哪份工作，老师和你一起做好吗？"可是你还是站在那儿不动，也不说话，我就拉着你找一份工作陪你做，可你根本就不动手。好几次都这样，我想，再等等，等你准备好了再做吧！后来，我发现你在教室里不再到处走了，而是喜欢站在工作的小朋友旁边看，一直看，看到人家把工作做完了，你再去看其他的小朋友工作，就这样站在人家旁边默默地看。这种状态又持续了一个多月。

孩子的学习看得见

从上个星期开始,我发现你改变了,脸上有了笑容。那是我在给小朋友讲故事的时候,我看到你和旁边一个很开朗的小朋友在讲话,说说笑笑的,虽然上课讲话很不合适,但我没有阻止你们,也没有给你拍下当时的照片,因为我怕我的举动会打扰到你。

不仅生活上有了改变,在区域活动时,你也愿意伸出小手工作了。有一天,小朋友把豆子弄撒了,趁这个机会,我跟你说:"一宸,你看豆子被小朋友们撒了一地,你过去帮帮忙吧,要不然他们会捡很久的。"你看了我一眼,没有说什么就蹲下来帮小朋友们捡起来。这就是进步,你的进步让我看到了希望。

第二天,你还是站在那儿看小朋友做工作,我试着和你互动,让你帮我给班里的植物浇水,这次你欣然答应了,而且很认真地在做。浇完了,我对你说:"谢谢你,一宸,这样植物就不会渴了,它们会长得更好!"你腼腆地低下了头,我知道你的心里是开心的。

就这样每次我都会有意无意地问问你。现在,只要我说:"一宸,想不想去找一份自己喜欢的工作做啊？"你就会去做了。看，你现在走进了美工区，和小朋友们一起在工作！

这段时间一宸的变化真的让我感到很欣慰，孩子们的成长需要时间，准备好了终将会怒放！一宸在不断地成长，还会变得更开朗、更活泼……

园长的话：和"急功近利"的育儿思潮相比，"静待花开"，尤其曹老师这种积极地等待，是多么难能可贵。我看到了一种态度，一种以"幼儿为主体"的教育理念。每个幼儿的发展步伐都不一样，孩子的学习、各种能力的发展，就像孩子学走路一样，成人是无法代替的，要走路的是孩子自己，要想学会走路，必须他自己来。从故事里我看到解一宸一直在用他的方式学习着、听着、看着、感受着、思维着这群孩子、老师发生的事。开始是在原地看，后来到小朋友身边看，就这么安静地一直看着小朋友从始至终做完，如果不是来自他内在的一种需求、力量，谁都无法让他做到。曹老师做得非常好，你给一宸成长的时间，耐心地陪伴和引导，而不给他太大压力，就有了他后来真正意义上的进步，真正的成长是来自他的身体的、心理的、能力的……整个生命的成长。"静待花开"，幸福成长。

刘彦芝

孩子的学习看得见

李智宇的新发现

刘婷婷

观察对象： 李智宇（4岁）

观察日期： 2015年5月19日—20日

观察地点： 班级教室

2015年5月19日

你（李智宇）在美工区涂色（你已经连续一个多月选择涂色的工作）。今天你涂的是一个礼物，涂得非常专注。

"刘老师，你快看，黄色和蓝色变成了绿色！"你很惊奇，声音也大了很多，忘记了轻声说话。

"是的，黄色和蓝色合在一起变成了绿色。"我轻轻地对你说。

你点点头，很快就平静下来，又投入到自己的涂色世界中。

2015年5月20日

今天你（李智宇）还是在美工区涂色，我坐在离你不远的地方，你在专注地涂着。不一会儿，你有了新发现。

"刘老师，你看。"你指给我看，"黄色和紫色变成了红色！"

我们班大约一半的孩子进入了涂色敏感期，美工区四张桌子，可坐16个孩子，每天都坐得满满的。有时候没有空位置了，旁边还有等待的孩子。16个孩子中，只有3个在剪纸或粘拉花，其他的都在涂色。涂色的孩子大致分为两类，一类是上午的工作时间几乎一直在涂色，不选别的工作，有密骞予、鲁梓呈等。另一类首先选择涂色，工作大约20到30分钟过后再选择别的工作，有崔皓哲、王啸煊等。

这些处在涂色敏感期的孩子，他们握笔能力不错，差不多都可以用三个手指握笔。手指的控制能力也是不断进步，从李智宇的涂色中可以看到，他基本上都涂在了黑线内，没有一定的手指控制力，是做不到的。在涂色中，孩子的专注力也得到了提升，我经常看到好多孩子就一直坐在小椅子上涂，沉浸在自己的世界里。孩子们在涂色的过程中感觉着、发现着，在构建着自己。

我们努力为孩子提供涂色的条件，梁老师在网上找了好多涂色的图案打印出来，孩子们可以自由选择自己喜欢的图案，尽情享受涂色的乐趣。

> **园长的话**：处在涂、剪、贴敏感期的孩子，无论在教室里还是家里，只要有充分的材料，孩子们都非常乐意选择涂、剪、贴等等这些工作。孩子从这时开始真正有意识地使用工具，这又是大多数孩子建构专注品格的最好机会。从身体发展的角度来看，这也是孩子训练小手肌肉和手眼协调的一项重要工作，为将来的书写也奠定了基础，孩子们选择自己喜欢的内容自主学习，主动地思考，在发现中成长。
>
> 你从专业的视角，客观地观察每个孩子的兴趣和发展特点，继而精心为他们提供所需的材料，给予适时适宜的引导，可谓是孩子们成长中最好的陪伴了。
>
> 刘彦芝

孩子的学习看得见

卖冰激凌喽

梁晓倩

观察对象：田孟峻　李智宇　孙溪悦　何佳豪　赵鑫滢（3.5岁—4岁）
观察地点：教室建构区
观察时间：2015年4月19日

上午的工作时间，教室里很安静，突然传来了一阵叫卖声："卖冰激凌喽！"我循着声音看去，建构区那里挤了好多小朋友，围在教具柜前面，七嘴八舌地说着什么。孩子们的行为让我有些意外，因为小班开班到现在还没有出现这样的集体游戏现象。我好奇地走过去，想看一看。

田孟峻兴奋地说："老师，你买冰激凌吗？"其他孩子也都跟着七嘴八舌地说起来，有的让我吃他手里的冰激凌，有的告诉我说他是来买冰激凌的……内容还很多，我决定好好观察一下。观察后感觉孩子们挤在一起有些乱，对冰激凌的味道、价格都没有关注，于是我准备以游戏者的身份介入了。我对里面的小朋友说："是谁在卖冰激凌？人这么多，好乱啊！我都没法买了。"田孟峻听到后，看了看说："请排队吧，谁排好了给谁。"孩子们逐渐地排好队。

我也站到了队伍里问："都有什么味的啊？"李智宇抢着告诉我："什么味的都有，有草莓，橘子，菠萝……"外面的小朋友一听，就纷纷要自己喜欢的味道了。我又接着说："给我一个草莓味的冰激凌。"这时候孙溪悦走过来说："老师，你不给钱吗？"我说："对不起，忘了给钱。冰激凌多少钱一个？"听到我问，何佳豪和赵鑫滢又走了回来，像我一样问起价格。我看到孩子们很积极，就站到

一边,在秩序不好的时候以顾客的身份提醒一下。接下来,孩子们不厌其烦地一遍一遍地玩着卖冰激凌的游戏。

收工作的时间到了,孩子们还是有些不舍,我走过去说:"售货员,时间到了怎么办?"听到我这样问,田孟峻和李智宇说:"我们要下班了,明天再来吧!"并且开始收拾积木,外面的小朋友也意犹未尽地离开了。

游戏反映了生活,虽然没有事先商定游戏的情节、时间和规则,但是孩子们玩得还是有模有样,只是小班孩子在游戏的过程中需要老师的介入,以丰富游戏的内容推动游戏的情节和进展。通过今天建构区里的"卖冰激凌"的游戏来看,孩子们对反映生活经验的游戏是非常需要的。今后,我班有必要创设一些"小超市""小医院"等角色游戏区。

园长的话:从我园班级室内区域设置来看,学习性区域相比游戏性区域会更多一些,主要是我们在结合园本、实施蒙台梭利教育的实践中,把各领域抽象的学习内容物化成了区域性操作学习材料,通过自动自发的区域自选活动实现教育目标。你在和孩子的教育互动中,能够追随孩子的兴趣需要,不断调整教育行为,证明你是一位善于反思,在反思中不断进步的老师。关于如何更好地发挥游戏对幼儿发展的价值,还需要我们不断深入实践研究,让我们共同努力。

刘彦芝

孩子的学习看得见

你愿意帮我吗

朱翠玲

观察对象：张宁萱　石绍辰　朱洺萱　李思郤（3.5 岁—4 岁）

观察地点：小三班活动室

观察时间：2016 年 3 月 24 日

今天区域自选活动时，孩子们都选择了自己感兴趣的区域，张宁萱选择了棕色梯，正在工作毯上进行垒高的活动。从最粗的开始依次往上垒高，当张宁萱踮着脚尖垒完第六根，想要再往上垒高时却发现身高不够，垒不上了。张宁萱拿着一根棕色梯走到我面前皱着眉头说："老师，太高了，我够不着了。"想起张宁萱曾经让老师无数次教她画星星，最后依然说自己不会画想让老师给画；曾经因为遇到一点点不算困难的困难就掉眼泪；曾经……于是我鼓励她说："你自己想想办法好吗？"张宁萱皱着眉头低下头慢慢地说："好吧。"这时石绍辰经过张宁萱身旁，张宁萱拿着棕色梯对石绍辰说："石绍辰，你愿意帮我吗？""愿意。"石绍辰快速拿过张宁萱手里的棕色梯垒了上去，然后张宁萱又递给石绍辰第八根，石绍辰伸手踮着脚尖试了试够不着，于是石绍辰想到了用小椅子，借助小椅子他终于把第八、第九、第十根都放在了上面。

棕色梯全部垒完了，石绍辰走下小椅子，站在旁边满意地看了一会儿然后离开了。张宁萱则面带微笑看着搭好的棕色梯。

过了一会儿，不知谁不小心碰了一下棕色梯，第八根以上的棕色梯掉了下来，张宁萱再次拿着掉下来的棕色梯对我说："老师，我的棕色梯被小朋友不小心碰

掉了,可是我还是够不着。""如果是别人不小心碰掉的,我们要学会原谅别人。还够不着,你现在应该有办法了呀!""老师,我可以找小朋友帮忙吗?""可以。""好吧,我需要找一个个子高高的小朋友帮忙。"于是张宁萱拿着棕色梯来到班里个子最高的正在专心画画的朱洺萱面前说:"朱洺萱,你愿意帮我吗?""不愿意。"说完朱洺萱继续专心画画,张宁萱脸上的笑意不见了,转身对我说:"老师,朱洺萱不愿意。""朱洺萱正在专心画画呢,她现在不方便帮你。""哦,那我再去找一个高高的小朋友。"说完你拿着棕色梯看到了正在工作的李思郤,于是你又对李思郤说:"李思郤,你愿意帮我吗?""愿意。"于是李思郤放下手里的工作帮张宁萱搭好了棕色梯。搭完后李思郤回到自己的工作毯旁边继续工作了。

张宁萱则脸上带着微笑静静地站在一边,就这么看着搭好的棕色梯……

据以往观察了解,张宁萱遇到问题没有主动想办法解决的意识,依赖心理比较强。所以在今天搭棕色梯的过程中,我有意识一步步地对她加以引导,虽然她还没有能够自己主动去解决,但已经从直接依赖成人,到鼓足勇气去寻求同伴的帮助。被拒绝时,在我的引导下,也能接受转而继续去寻求其他人,对张宁萱来说,从心理上到行动上,也算都有了明显的进步。案例中石绍辰和李思郤都表现出乐于助人的优秀品质和较强的动手能

孩子的学习看得见

力，也很有自信。而朱洺萱因为在专心画画，选择平静地拒绝，这同样是很有内在力量、有主见的表现。

对于张宁萱小朋友，还需要一段时间的放手和帮助，推动她不断走向独立。从日常生活中她能做的一些小事做起，逐步放手并给予示范教导，鼓励她慢慢做起，及时发现她的点滴进步并给予表扬。当然家园配合至关重要。

园长的话：四岁左右的孩子，正处于动作发展的关键期，其主要特点是对事物充满好奇，喜欢动手探索而乐此不疲。你故事中的小主人公，其实代表了一类孩子，究其原因，我想是因为成人在生活上对他们包办、代替，由于成人往往误以为让孩子自己做事情只是动作的发展，没什么其他优势，我爱孩子，孩子小，我来做就可以了。其实慢慢地孩子就会由生活上的依赖升级到思想上的依赖，由生活能力不强到学习上的不主动，这会大大影响孩子的综合发展。作为老师，你在对她观察的基础上，很用心地采取了一些有效方法，如果再加上家长的配合，这个有个性的孩子一定会越来越棒的。期待你和张宁萱之间精彩的成长故事！

刘彦芝

数学敏感期

宋宁

观察对象：王灿（4岁）

观察时间：2016年3月

观察地点：班级教室

最近一段时间，有十多位小朋友，对数学类工作特别感兴趣。今天的工作展示我选择的是数棒的延伸操作——数的分解组合。三位小朋友和我一起工作，你（王灿）是其中的一位。工作展示大约10分钟时间，你一直听得很认真。当我们准备收工作的时候，你迫不及待地说道："老师，我想选择这份工作。"

之后的一段时间，你一直在进行这份工作。时而眉头紧锁，时而会心微笑。老师被你的可爱和执着所吸引，在旁边轻轻地坐下来。

你在进行"4和5"的合成。数棒前的数字卡片仔细摆好之后，你取出了4

孩子的学习看得见

的数棒，又取来了5的数棒，然后将他们摆放在一起。握起小手认真地数着"1、2、3……9，嗯。"你很开心地将9的数字卡片放在了等于号的后面。

然后你将9的数棒拿过来进行了比对，发现果然一样长短。这下你的脸上乐开了花。兴致勃勃的你显然没有满足。你将所有的数字卡片和数棒重新摆放后，你又开始了一道新的分解组合题。

在前一段时间的观察中，你还在数字的报数环节老出错，这让老师更有兴趣观察你后面的行为。

这一次你取来了5和6的数字卡，将"5+6"的数字卡摆好后，你迫不及待地将5的数棒和6的数棒都取出来合在一起。又一次握着小手逐个地数着："1、2、3、4……11！"接下来你开始找11的数字卡片，显然，你没有找到。这时候你好像怀疑之前的数字合成，于是你又仔仔细细地数了一遍，还是11。你开始四处张望，老师知道你需要帮助了。

十以内的数字合成是当下孩子普遍的发展水平，所以十以上的数字合成工作老师并没有涉及。

老师问你："你有什么需要帮助的吗？"你点了点头，稚气地回答道："老师，11，没有11。"

"哦，你需要用11的数字卡片对吗？那我们想想用别的来代替吧。"我拿来一张白色小卡片和一支笔，"要不我们把结果写出来吧。"你很开心地一把接过了笔和卡片，趴在工作毯上写着"11"。

你对数学所表现的浓厚兴趣和进步着实让老师惊讶。

老师点了点头微笑地称赞了你："这工作很有意思吧，小数学家！"你听到后，一脸得意。

看你意犹未尽的样子，老师提议你可以继续选择题目，这下你更高兴了。

就这样,你一直沉浸在这份工作中,直到工作时间结束。(工作时间:9:30—10:28)

园长的话:孩子在4岁左右会出现一个"数学敏感期",他们会对数字概念如数、数字、数量关系、排列顺序、形体特征等突然发生极大的兴趣,对它们的种种变化有着强烈的求知欲,这标志着孩子的数学敏感期到来了。在这个阶段,如果能够满足孩子对数学学习的需求,在孩子自发行为的基础上引导到位,孩子会更容易喜欢上数学也有利于逻辑推理能力的发展。但是成人一定要遵循从具体到抽象的原则,使孩子能够在具体操作中感受到数学学习的轻松,继而产生对数学学习的兴趣。从你的故事里,能够看出,你非常注意把握这其中的尺度。接下来,你可以多做些这方面的观察,以便能创设更加适宜的数学学习环境,更好地顺应孩子们的不同发展需求。

刘彦芝

孩子的学习看得见

我学会了等待

滕伟艳

观察对象：范怡萱（3.5 岁）

观察时间：2015 年 9 月 11 日

观察地点：本班教室

周三上午的区域活动中，孩子们都非常投入地在工作。半个小时后，我看见范怡萱小朋友在娃娃家面前站了几分钟，显然想玩娃娃家游戏，可看到里面已达到了规定人数，她走过来想和我争取一下，说："老师，我想玩娃娃家。""噢，那你看看娃娃家还有位置吗？"她说："没有了。"我建议她："你可以先去选择别的工作，等有位置了再到娃娃家玩啊。"她说："我在这里等待。"

十几分钟过去了，只见她一会儿站着，一会儿坐着，在看娃娃家小朋友的工作。还有五分钟游戏时间就结束了，有一个小朋友离开了娃娃家，她立刻投入到了娃娃家的游戏中。

游戏结束后，她对我说："我太喜欢娃娃家的游戏了。明天还要选择娃娃家。"

接下来的两天，她都早早地来到了娃娃家，很享受的样子，在娃娃家玩着自己的游戏。

我们班是从托班升上来的一个小班，我们结合班级常规，和孩子们讨论形成了一些必要的室内常规，如"班级里的玩具谁都可以玩，但谁拿到谁先玩，后来的请等待"，还比如对"区域里同时可以进入多少名小朋友"做了规定。就像娃娃家里只能同时进入三个小朋友（区域小），范怡萱小朋友是清楚的，所以虽然她今天特别想玩，但依然选择了等待，我想这对她的社会性发展有好处。当然我也在反思，我们的娃娃家应该调换一个大的区域了。

园长的话：现在的家庭，孩子们在家里多数是独生子女，自然就成了家里的小公主、小皇帝。这些小公主、小皇帝在家里是有求必应。长此以往，这种"及时满足"甚至是"超前满足"，容易使孩子形成急性子，缺乏情绪控制力，更没有"等待"的意识和耐性，非常不利于孩子良好个性的形成。所以，我们园把"等待"也纳入教育内容，结合日常班级规范，在真实的情景下，小朋友由于渴望而自发地选择等待，往往他们也能坚持很久，就像你案例里的范怡萱。每每到班级里看到这种情况，我都会生出一种敬佩，这样的孩子内心有力量，目标意识强大。你在教育中能及时反思、调整、把握，做得就很好。关于"等待"和"延迟满足"，我还想和你分享我的所学。

"等待"也是儿童社会化和情绪调节的重要成分，更是伴随人终身的一种基本的、积极的人格因素，是由依赖走向独立的重要标志。据沃尔特·米歇尔的实验研究：延迟满足能力强的儿童，未来更容易发展出较强的社会竞争力、较高的工作和学习效率；具有较强的自信心，能更好地应付生活中的挫折、压力和困难；在追求自己的目标时，更能抵制住即刻满足的诱惑，而实现长远的、更有价值的目标……

希望不断反思、不断学习成为我们的习惯，共同努力！

刘彦芝

孩子的学习看得见

等 待

相俊俊

观察对象：王灿（4 岁）

观察时间：2015 年 7 月 1 日

观察地点：本班教室

你的名字叫王灿，最近迷上了拼图的工作。今天自选工作时，你径直走到了科学区。可是你最喜欢的两份工作已经被其他小朋友选走了。你走到其他区域看看这个，瞧瞧那个。你蹲在正在拼图的孙小童的身边看了许久后离开了，你又蹲到同样在操作拼图的马悦杨小朋友的身边，焦急地等待了起来。我试着想引导你去选择其他的工作，但你不同意。我建议你："可以问问马悦杨愿意和你一起工作吗？"还没等我说完，你就摇起了头。"那好吧。"我无奈地离开了。在旁边默默地观察着你，只见你静静地蹲在马悦杨的身边等待着，大概得有15分钟的时间，马悦杨小朋友要归位工作了。你立马有了精神，紧紧地跟在马悦杨的身后。等她一放下工作，你就马上取走了。看到你脸上露出了灿烂而又满意的笑容，我觉得你的等待是值得的。你拿到自己一直等待的拼图后认真地拼摆着，样子可爱极了。

"教室里的工作材料，谁先拿到谁先玩，后来的请等待"以及"操作完了，从哪里拿的放到哪里去"等班级规则，王灿非常明白，也能遵守。一般小朋友遇到想玩的材料被别的小朋友选去了，会另选其他的工作，等小朋友送到教具架上之后再去选。但王灿却选择了一直等待，我尊重她。

"等待"何尝不是一种成长呢!

> **园长的话**：这个"等待"是我们在教育中希望孩子学习的一样东西。王灿可以去选择别的工作，但她选择了等待，你选择尊重她。其实等待期间她可以看别人是怎么操作的，自己的小脑袋也会随着进行思维模拟，等拿到教具时马上操作验证。学会等待，也是孩子成长发展过程中非常重要的一种个性品质。
>
> 刘彦芝

娃娃家的精彩

徐晓丽

观察对象：侯一宸　刘若熙　邹昱　陈奕如（3岁—4岁）

观察时间：2015年11月18日

观察地点：娃娃家

今天区域自选活动时，孩子们根据规则依次去选择自己喜欢的工作，一切都在有序地进行着。我看到了娃娃家的四个小朋友玩得很开心，很好奇刚入园两个多月的孩子会在娃娃家上演怎样的精彩，于是带着一颗无比好奇的心，我悄悄地来到了娃娃家的附近，近距离地观察他们正在上演的故事。

我悄悄地站在一边看着你们四个，你们蹲在一起似乎在商讨着什么，我发现侯一宸和刘若熙小脚丫上穿着小高跟鞋，小暖男邹昱在叽叽喳喳地说着什么。虽然不清楚你们上演着什么故事，但我很惊喜小小的你们已经  可以这么和谐地扮演着自己的角色，我静静地等待接下来的精彩。

我在一边静静地等待着，看到你们讨论一番后又开始了你们的"过家家"生活。只见陈奕如小朋友一手拿着镜子，一手拿着梳子美美地打扮着自己，俨然就是一个爱美的小大人。这边刘若熙和侯一宸在邹昱的"指挥"下整理着床铺，看样子是准备睡觉了。

 两个女孩子在年纪最小的邹昱的"指挥"下，在整理着"床铺"。她们是那么开心，看了一会儿我才明白这俩小女孩听话的原因，原来，邹昱在扮演爸爸的角色，这时我才恍然大悟，难怪这俩小女孩这么乖。

我看到若熙、一宸都躺下了,大概十秒钟时间,一宸一骨碌爬起来,接着就对若熙喊:"起床了!起床了!"若熙就跟着起来了。于是俩人起床并且自己穿鞋子,整理头发。邹昱(爸爸)在一边坐了一会儿后过来陪着陈奕如(家里的客人)。

之后,若熙和一宸在玩游戏,一会儿拉着手转圈圈,一会儿唱生日歌、干杯,上演着两个人的小游戏,脸上的笑容说明她们玩得很快乐。邹昱(爸爸)好像打起了"电话",我悄悄地问:"你给谁打电话呢?""给她妈妈打电话。""她妈妈干吗去了?""家里来客人了,她妈妈买菜去了!"好一个"爸爸",还真有角色意识,我不禁沉浸在他所描述的情境中。

忽然,若熙喊道:"上课了。"于是两个小女孩赶紧站到娃娃家的另一边,这时邹昱(爸爸)正坐在小台子上,我就听到他们开始了如下的对话。

邹昱:"现在我是老师,你们两个是学生。"

若熙:"行,一会儿我来当老师。"

一宸:"一会儿我也要当老师。"

看来,老师在他们心中还是蛮崇高的一个角色。

邹昱:"小脚并并好。我们唱首歌吧!"

若熙、一宸:"好!"

……

他们继续他们的课堂,奕如(客人)就在一边玩自己的。

(大概3分钟以后)

邹昱:"现在,我们来做饭吧。"

孩子的学习看得见

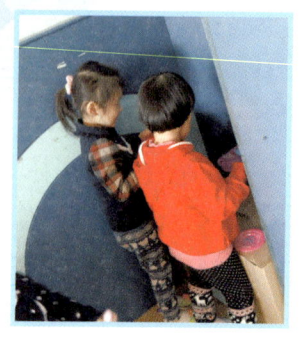

于是他们忙碌起来，开始变身小厨师。

陈奕如（客人）也被这边的精彩所吸引，慢慢地凑了过来。

游戏中家庭里的三个人都很配合，让我没想到的是，年龄最小的邹昱在娃娃家所展示出来的那份小大人气势，真是有模有样。陈奕如作为客人，整个过程更多的是自己在玩自己的，没有融入进来，可能还不知道如何加入他们，在与别人的沟通交往方面需要加以引导。

这是小班开班以来，我第一次关注娃娃家的活动，一直以为她们就是单纯地玩，没想到整个娃娃家的故事是如此精彩，更没想到小小年纪的他们竟能将日常生活活灵活现地再现在游戏中，而且那么逼真，让我很震撼！

在娃娃家这片小天地，他们的交往能力、语言能力、自我服务能力都得到了展现和发展。使我对他们的能力和个性特点有了进一步了解，这将有利于我在接下来的教育中，更有针对性地提供一些帮助和引导。

园长的话：你的用心观察和解读，使我们能走近孩子，发现孩子，了解孩子。"娃娃家"里有大作为，孩子们扮演着爸爸、孩子、老师、幼儿、客人……他们今天当爸爸，明天可能又成了孩子，这种不同角色的体验，对孩子去掉"以自我为中心"的个性有非常大的帮助，同时经常玩娃娃家的孩子，他们现在乃至将来，都表现出了很强的与别人相处的能力，一个人的人际关系在社会上是非常重要的，而恰恰这些能力不是课堂教学所能教会的。重视游戏的教育价值，正是我国《幼儿园工作规程》《幼儿教育指导纲要》和《3—6岁儿童学习与发展指南》所共同提出和特别强调的。

刘彦芝

王啸煊的朋友

刘婷婷

观察对象： 王啸煊 （4岁）
观察时间： 2015年5月25日—6月8日
观察地点： 本班教室

5月25日

午睡后，孩子们正在吃水果，王啸煊径自抹起了眼泪，边哭边说："我没有好朋友，我没有好朋友！"等她平静下来，梁老师走过去平静地说："王啸煊，你没有好朋友吗？这是怎么回事呢？"她想了想，认真地说："因为我老是哭，其他小朋友不愿意和我交朋友。""噢，是这样的呀！怎样才能交到好朋友呢？""我以后不哭了，小朋友们是不是就喜欢我，就愿意和我交朋友了啊？""你说得太对了。"梁老师说。王啸煊很明白自己为什么没有好朋友，我们老师也很明白，让她自己发现问题所在，相信她会发展得更好。

5月26日

"密骞予，快过来，我的旁边有位子！"王啸煊高兴地对密骞予说。密骞予没有拒绝，高高兴兴地搬着小椅子坐到了王啸煊旁边。两个小朋友又说了几句悄悄话，然后捂着嘴巴笑了起来。

王啸煊开始试着与别的小朋友交往，效果还不错。

5月27日

下午王啸煊妈妈来接她的时候，告诉我们，昨天晚上王啸煊在密骞予家吃的晚饭，两个朋友玩得很高兴。

王啸煊自己努力找到了好朋友，真替她感到高兴。

5月29日

王啸煊吃饭比较慢，而密骞予吃得快一些。今天午饭，两个好朋友坐在一起吃饭，密骞予吃得比以前慢一些，吃完了碗盘归位后，没有离开，原来是在等好朋友。"密骞予，你可以搬着椅子离开，到外面等王啸煊。"我对她说。她没有

孩子的学习看得见

说话,坚持站在王啸煊旁边等了 10 分钟。等王啸煊吃完归位后,两个好朋友高兴地离开了。在孩子的心中,好朋友干什么都要陪伴在一起。

5月30日

王啸煊每天都会带一个手绢到幼儿园,擦汗啊,擦鼻涕啊,擦眼泪啊,工作的时候放在身边,睡觉的时候放在枕头边。今天早上入园,天哪,密骞予也带来一个,一进幼儿园的大门,就给我看她的小手绢。"好漂亮的手绢啊!"我刚说完,她就呼一下跑远了。吃饭的时候她学着王啸煊的样子擦擦嘴巴,有鼻涕的时候擦擦鼻涕,热了擦擦汗。有时候她也会忘记手绢的存在:"老师,我的手绢找不到了。"我找啊找啊,在椅子下面找到了。户外活动:"老师你可以帮我拿着手绢吗?""可以。"很显然拿着手绢活动起来不是那么舒服。好朋友的习惯也要模仿,我们尊重。

6月3日

上午自选活动时间,两个好朋友又挨着一起工作。密骞予选择的是昆虫嵌板,王啸煊选择的是喂小狗。5分钟左右,王啸煊要归位工作了。"密骞予,我要归位了,你快点儿呀!"密骞予还没有完成,但她听到王啸煊的话后,急急忙忙把没有操作完的工作归位了,她有点儿小失落。有时候为了配合好朋友的节奏,不能很专注地工作。

6月8日

今天吃水果的时候,王啸煊和密骞予竟然没有坐在一起,密骞予和崔展赫坐在一起,王啸煊和石天成坐在一起。王啸煊没有和好朋友坐在一起没有哭,情绪很好。我有点儿奇怪,我悄悄地问密骞予:"你和王啸煊不是好朋友了吗?""我现在和崔展赫是好朋友。"

到今天，密骞予和崔展赫每天都要坐在一起，偶尔密骞予和王啸煊也会一起说说话，但说话的时间很短，很快就分开了。密骞予的小手绢拿了两天就不拿了，王啸煊也渐渐地不再独自哭了。孩子们选择适合自己的方式自然地成长着。

园长的话：刘老师能够善于发现幼儿心理的感觉及情绪的变化。有了你的系列观察记录，用心了解，才能更好地帮助我们在尊重幼儿发展自然规律的基础上做到因材施教。你故事中的小主人，个性鲜明好可爱！平时到你班偶尔见到王啸煊：安静、内秀、有主见，偶尔笑一下，甜甜的美美的，学习起来特别专注。孙瑞雪在《完整的成长》这本书里说到，婴儿出生时，情绪即伴随而来，婴儿一开始就天然地拥有了它，如同身体的成长，情绪也需要18年的成长时间来达到成熟。我们也努力在创造这样一个环境，那就是可以让幼儿在充满爱的环境中，努力帮孩子形成自己的情绪能力，学习如何处理自己的情绪，在这样的教育过程中，希望儿童的情绪在一定范围内得以调整和发展。

刘彦芝

我爱绘画

相俊俊

观察对象：马悦杨（3.5岁）
观察时间：2016年1月18日
观察地点：本班教室

这一段时间，班级里的小女生喜欢上了绘画。虽然画得有些抽象，但是每一幅画都有着它们最有意思、最形象的描述。你的名字叫马悦杨，小名乐乐，也在这一行列里。今天的你穿了一个特别漂亮的小兔子马甲，心情特别好，时不时走到老师的面前说道："老师，看我的马甲是小兔子的。""嗯，真的很漂亮啊！"说完之后，你就高兴地跑开了。

今天的区域活动你选择了美工区的绘画工作。刚开始的时候你特别认真专注地画着，大约过了20分钟的时间，你拿着你的作品走到我面前不住地给我解释着："这个小朋友生病了，在医院里打针。"听着你的描述，我不由得看起了你的画，画上一个哭脸的小朋友被一层层的线包围着，小朋友的一只胳膊上还挂着吊瓶。我很幸福地享受着你美妙的作品，正想继续了解些关于画中小朋友的故事时，你说："老师，你帮我拍张照。""好的，你的作品非常棒哟。"我帮你拍完之后，你却把作品放到了标有已完成作品的袋子里。接着又开始了

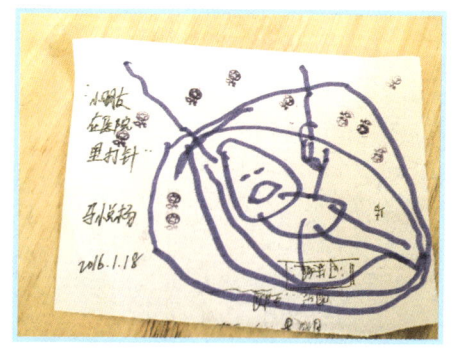

你的新作品,这次我坐到了离你稍微近一点儿的地方。只见你选择了一只红色的水彩笔,认真地画着,好像还是画了一个小朋友,还是有一些长长的线条,不过我

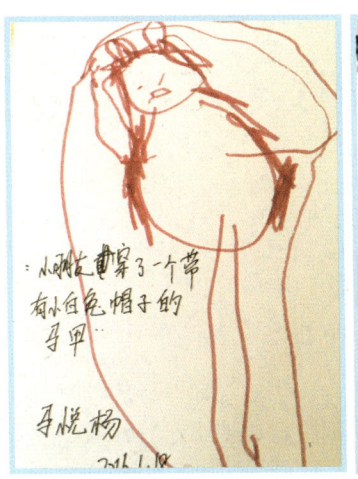

实在没猜出你到底画了什么。不到三分钟的时间你就完成了你的作品,高兴地告诉我:"老师,我画了一个小朋友穿了一个带有小白兔帽子的马甲。"你指着告诉我:"看,这是小白兔的耳朵。"我频频点头表示看到并理解。我突然想到你早上问老师你的帽子漂亮吧,我说道:"这个小女孩和乐乐一样漂亮,一样可爱。"你听了之后甜甜地笑了……

我被你的情绪感染着,也对"孩子通过画表达着内心丰富的世界"这句话,有了更深的理解。

园长的话:孩子画画更多的是一种表达而不在于技巧,孩子的心是透明的,孩子的表达是直接的,所以看孩子的作品,更在于它的意义。记得你曾经和我分享过,就是这帮孩子,那时还是托班,有一次绘画之后,其中有一个孩子的作品只是一些"乱七八糟"的线,和其他孩子的作品相比误以为他的绘画水平处于低下,结果当问及画的是什么时,他认真肯定地说:"面条啊!"的确,面对孩子,我们不知道的太多,是我们无知而不是孩子的问题。

刘彦芝

我知道了七巧板的秘密

徐晓丽

观察对象：刘禹辰（3岁）

观察时间：2015年10月20日

观察地点：活动室

区域活动时间，小朋友们都在认真地工作着，我注意到了你正在做七巧板的工作，看到你严肃的面孔，我知道你正在面对七巧板的挑战。很好奇你会怎么做，是中途放弃还是坚持到底呢？我继续观察着你。

你时而皱皱小眉头思索着什么，时而拿起七巧板试试，你工作很认真，很安静，可是，貌似你还不知道该如何下手。而且，你好像也忽略了你跟前的小助手"七巧板对照图"。你一次次地尝试，这样放不可以，再换个位置，就这样一次又一次不厌其烦地努力尝试着。看着你的鼻涕虫出来了，我也没有上前打扰你，我怕我会影响你的思考，我也想看看你能否挑战自己，取得成功。

我很欣喜你可以坚持这么长时间挑战这份七巧板的工作，因为之前发现有好几位小朋友反复几次拼不好之后会不耐烦地收起来不做了。然而我却没有看到你脸上出现任何的不耐烦，你一直在努力思考和尝试，我觉得你一定会挑战成功。虽然我很想过去引导你一下，但是看到你认真的模样我就不忍打扰你，而是选择静静地陪着你，看着你挑战，在心里给你加油。

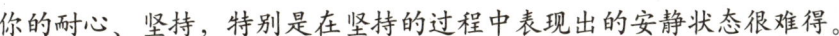

你的耐心、坚持，特别是在坚持的过程中表现出的安静状态很难得。

咦！你突然有了一个重大发现，你发现"七巧板图纸"了。你脸上浮现那种柳暗花明又一村的表情，好可爱。你开始对着图纸认真地观察，又盯着七巧板观察，就这样反复地观察、拼摆，拼摆、观察着，你距离成功越来越近了。

看到你发现了图纸，我理所当然地以为你会很快就可以对照着图纸完成这份七巧板的工作，但是观察下来才发现事实并不是我想的那样。你好像并没有真正明白这份图纸和这份工作的关联在哪，没有真正地把图纸和七巧板联系在一起，你关注到了形状忽略了颜色。我和自己说，不急，慢慢等，你会发现的。

你继续对着图纸和七巧板在仔细地观察和尝试着，甚至有几次你又把图纸抛之脑后，凭借着你的小脑瓜在努力地一次次尝试着，当收工作的音乐响起时，你还在认真努力着，丝毫不受周围小朋友收工作的影响。忽然，你停下来，好像有什么重大发现，而且你那表情好像在说："哦，原来如此！"于是我看到你很快地重新开始拼摆，而且每个图形的位置都正确，我知道你发现了问题在哪儿，当你快速地完成七巧板，自己捧着胜利的果实，脸上露出纯美的笑容，那是来自你内心深处的喜悦、胜利的笑容。你真棒，为你竖起大拇指！

整个过程可以看到牛牛小朋友有很强的耐心，做事专注，遇到问题不退缩、肯坚持，这是很宝贵的品质。我想，这离不开尊重、支持的良好环境。当然，今后老师投放材料时会更多考虑材料的适宜性、挑战性，使幼儿通过努力后能完成，这点很重要。同时结合牛牛日常的表现，在他与同伴之间的主动交往方面也要多加引导。

园长的话：蒙台梭利认为，幼儿具有一种很强的内在潜伏能力和继续发展的积极力量，但只能在发展的过程中才能显现出来。在你的故事里，我们从牛牛身上，看到了这种来自内在的潜能和发展的力量。

你非常善于观察、解读孩子，这是作为一名教师非常重要的专业素质和优秀品质。观察解读孩子行为，是我们了解孩子的秘密武器，有了对孩子的了解，才能保证对孩子的支持和帮助是有效的。

刘彦芝

我终于知道了其中的奥妙

徐晓丽

观察对象：张译文（4岁）
观察时间：2015年7月16日
观察地点：本班教室

我在小二班进行蒙氏教研活动时注意到了你这个小男孩——张译文。

自选工作时你选择了几何图形嵌板橱——三角形的工作，我不知道为什么里面混了一个四边形，但是正是这个四边形搭建了我和你的观察和被观察的关系。

我看到你在工作时那五个三角形都很顺利，唯独这个四边形和你开起了玩笑，它来考验你了。

其实，你工作时比较专注、认真，你在努力地想把这个四边形放进去，可是好像结果不如你意。现在的你心里一定因为它放不进去而着急吧。我想知道你会怎么解决这个难题呢？

你尝试了很多次，把这个四边形转过来、转过去，可是就是放不进去。你的小眉头皱了起来，坐在那里冥思苦想着放不进去的原因，两手挠着小脑袋特别着急却又无计可施。

看着你着急的样子，我很想过去帮你，但是我觉得这份工作你应该不是第一次做，否则那五个三角形不会这么顺利地放好。所以，我在等待，等待你想起问题出在哪里，等待看看你用什么途径找到解决办法。

你思考了一阵，然后把四边形的底框和其中一个三角形换了一下位置，原来你以为是因为位置不对才会放不进去，结果你发现问题好像也不在这里。

于是，你又开始认真思考起来，看着你认真的小模样，我在心里为你暗暗地加油。

小小年纪的你，遇到问题不慌不忙，知道先动脑筋思考，去探索、去寻求、去尝试解决问题的办法，我不禁为你竖起大拇指，好样的，张译文。

小班幼儿学习故事案例

  你坐在那里想了一会儿，可能是确实想不起来问题出现在哪里了，所以你决定去寻求老师的帮助。

  你站起来去寻求魏老师的帮助了，我看到魏老师想让你自己先尝试一下。你却告诉魏老师你已经尝试过了，但是不行，现在确实是需要帮助了。在寻求帮助的过程中，你的交往沟通能力、语言表达能力、勇气等方面都得到了发展。

  魏老师过来给你示范了，你很认真地在看，之后你也试了一次，终于可以放进去了。

  看到你那认真的小模样，我很喜欢你的执着，你没有半途放弃这份工作，小小年纪的你就有着坚持到底的做事风格，真的是难能可贵。但是我却忽然想知道如果再把这个四边形的底框动下手脚，你还能找到解决办法吗？于是，我介入了，我请你闭上眼睛，把四边形的底框变成了一开始的样子。

  于是，你又开始了那种摸索、思考、尝试，脸上的表情也随着不断地尝试变得越来越不自然，你试了一次又一次……可是，你没有成功！

  我发现认真的你只关注到了这个四边形放进去了的结果，却没注意魏老师是如何把这个四边形放进去的，你好像忽略重点了哦。我担心你再试下去会产生挫败感，所以我又介入了。我请你仔细观察我是怎么做到，我看到这次注意力集中到了我翻底框的动作上，我相信，这一次你是真的明白了，所以，我再一次请你闭上眼睛，再来把底框翻个个，接下来你会顺

43

利挑战成功吗？我期待着……

睁开眼睛的你尝试了一次就明白了问题在哪里，你面带微笑，信心十足地把底框翻了过来，那表情好像在说：这回，你是难不倒我了！你那发自内心的笑容，让旁边路过的小女生都忍不住停下了脚步，她不明白你为什么笑得这么开心，其实我知道你发现了一个大奥秘。

看到你只尝试了一次发现放不进去，立马就去用小手翻底座时，我知道这次你是真的记在心里了，而且你脸上的笑容是充满自信的、开心的。（魏老师在一边也恍然大悟道：怪不得给他示范了好多次他都记不住，原来是他一直没仔细看，没看到问题的关键点在哪儿。）我想此时的你一定明白了老师示范时一定要认真、仔细看的重要性。

你把底座翻过来，并且还让它换了个方向，当你顺利地把四边形放进去后，你看着我开心地笑了。好像在告诉我："看，我终于知道了其中的奥秘，好开心啊！"

看到你稚嫩的小脸上阳光般灿烂的笑容，那里面有挑战成功的喜悦、有自信、有……我对你竖起了大拇指！你身上坚持到底的做事风格值得我学习，相信接下来你会有更大的进步和提升的空间，会发现更多的奥秘，我愿意和你一起努力、一起探索、一起成长。

园长的话：你用反映儿童学习发展的持续性画面，真实地给我们提供了张译文遇到学习困难后的思考、尝试、求助、验证、解惑的一系列过程，更难能可贵的是你对张译文内心变化的解读、学习能力水平的分析和恰当时机的有效介入都非常到位。是一个值得大家学习的好案例。

刘彦芝

在爱的陪伴下成长

卞晓晓

观察对象：李洛亿（3.5岁）
观察时间：2015年6月25日
观察地点：户外操场

你的名字叫李洛亿，你做什么事情都小心翼翼的。刚入园时，就连小朋友靠近你，你都会害怕地哭，在人际交往方面，比较抗拒和怯懦。老师曾经多次尝试引导你和孩子们一起玩，看到你紧张的表现，我们选择尊重你，等待你自己慢慢主动融入集体中。

今天在梓瑞和沐轩的再三鼓励和陪伴下，你开始尝试玩滑梯。只见梓瑞向你示范滑下去的动作："这样坐下，手扶着两边往下滑！"你看了看梓瑞，又小心翼翼地探头看了看滑梯的高度，站在那里犹豫不决。这时，沐轩着急地蹲到滑梯上对你说："洛亿，别害怕，我在这接住你！"

你站在那里犹豫了十秒钟左右，正当我想去帮助你的时候，梓瑞过去拉住你的手说："洛亿，你蹲下，坐在滑梯上！"接着你一只手紧紧拉着梓瑞，另一只

手扶着滑梯慢慢坐下。沐轩看见你准备坐下了，马上从滑梯上下来，蹲在滑梯边上张开小手喊着："洛亿、洛亿……"

一切都准备好了，大家都在期待着你滑下来！你抬头看着我，我微笑着对你点了点头，说："李洛亿，你可以的，好朋友都在帮助你呢，加油！"

梓瑞看见你还不敢滑下去，她也在你后面坐了下来，接着梓瑞把脚打开抱住了你！沐轩看见了，跑过去用手顶着你的脚，想让速度放慢一些。

沐轩推着你，梓瑞抱着你，结果你们停在滑梯上不动了，沐轩发现了，改成拉住你的小脚！你们慢慢往下滑动了！治豪坐在滑梯上，等着你滑下来！

看到你滑了下来，治豪赶紧站起来，然后转身准备去拉你起来！看到你们几个笑得这么开心，我的心里满满的都是感动！接着你再次主动自己去尝试滑滑梯了，经过几次小心翼翼地滑下来，慢慢地你可以放松、开心地和大家一起玩滑梯了！

在伙伴们爱的陪伴下，你变得开心快乐，也大胆自信了……

梓瑞和沐轩想着各种法子并通过实际行动帮助同伴学会了滑滑梯，在两人身上充满了爱心、耐心和乐于助人的良好品质。而对于李洛亿来说，不仅学会了滑滑梯，更重要的是他勇敢地踏出了第一步，渐渐地不再拘谨，也拥有了自信。接下来，我会多发挥同伴对李洛亿的影响作用，多创设一些宽松自由的游戏环境，多发现他们的闪光点，保护自信，支持成长。

园长的话：你通过连续画面的方式，记录了李洛亿从不敢滑滑梯，到在同伴的保护下滑滑梯，再到敢于独立滑滑梯的一个短暂的成长蜕变的过程。从你的故事里我看到：李洛亿更乐意向同伴学习，更容易接受同伴的影响，关于这一点是否具有普遍性？希望你多做一些观察总结。你对三位小朋友的个性特点和能力水平从发展的角度进行了解读分析，并制定了接下来的支持策略，看得出你的专业水平在不断提高，值得大家学习。

刘彦芝

我陪在你身边

孙楠楠

观察对象：李昱萱（3岁）

观察时间：2015年9月16日

观察地点：活动室日常区

孩子们入园已有十天了，今天区域自选活动时，孩子们依次选择了自己喜欢的区域。李昱萱小朋友则抱着自己的小被子，静静地低着头坐在一边。我边观察边走过去对你说："你愿意和其他小朋友一样去选择工作吗？"你依然不为所动，接着我对你说："老师会在旁边陪着你。"你主动拉起了我的手，我们一起走到教具柜前，你看了一会儿，抬起头看着我，我告诉你："你可以选择自己喜欢的。"你选了串珠的工作。我及时给你做了示范，你认真地看着，接下来你就一直反复地操作这份工作，期间我把你的小被子拿走你都没发觉。

你很认真安静地工作着，并没有被周围走动的小朋友所影响，看着你的小模样，老师发自内心地高兴。

你入园也有一周多了，干什么都抱着自己的小被子，喜欢一个人静静地坐着，不主动和别人说话，即使老师问你，你也很小声地回答或者不回答。所以，今天你有了这么大的进步，老师还真没有想到。

我继续观察你，你很用心地做这份工作，好像因为线有些细的原因，三指抓

孩子的学习看得见

串线有些拿不住线，只好五指抓，每穿一个动物图形你都会很认真选择一个自己喜欢的图形来穿。在串前三个木珠时，你会抬头看我一下，好像在确定我是不是在你身边，之后就没有了，一直认真工作。本以为你会中途想起你的小被子，而放弃这份工作，但是你没有。

慢慢地串的木珠多了，串珠的动作技巧也渐渐地掌握了，在整个穿珠的过程中并没有向我求助。当我再看你时，你正好抬头看我，并对我说："这是我串的。"串到一半时，因为拿线时离线头有点儿距离，在串木珠时，没有串进去，反复尝试几次终于穿进去了。在不断重复中，经验得到累积，慢慢地知道如何顺利地串珠。

收工作时，你认真地收好串线，把串木珠放在托盘里，整理好工作，放在教具架所在的位置。

很高兴，今天昱萱开始独立工作了，通过她串珠子的过程，可以看出其实她早已做好了一些准备，今天，她的独立性、秩序性、动作协调性又得到了进一步发展，只是感觉她有些缺乏自信心，以后要提供机会让她多体验和同伴合作的乐趣，多培养她交往的能力。

园长的话：三岁的孩子，刚刚从家庭迈入幼儿园这个新的集体，她需要一段时间观察、熟悉，以建立起新的安全感。6岁之前的孩子处于吸收性心智阶段，尤其3岁前无意识的吸收能力很强，看似她没有实际参与学习，实则她每时每刻都在透过感官，在看、听中学习吸收，所以，当她迈出这一步开始参与学习时，往往我们会很震惊——她原来会这么多。

孩子的秘密就是这么多，永远很多，需要我们不断地学习了解。

刘彦芝

执着的孩子

曹丹丹

观察对象：王曼宇　李润（3岁）

观察时间：2015 年 10 月 22 日

观察地点：本班活动室

今天区域自选活动时，孩子们根据规则依次去选择自己喜欢的区域，王曼宇小朋友在教室里转了一圈，最后去选了我们新添不久的工作——点名卡。现在孩子们还不能把所有的名字认识全面，但孩子们喜欢从点名卡中，去找到自己的名字卡。王曼宇把工作端到了桌子上，开始工作。其实李润也想做这份工作，可是曼宇先拿到了，他只能等待了（因为我们规定教室里的工作材料，谁都可以选，但谁先选了谁先做，后来的只能等待）。李润坐到了王曼宇的旁边，认真地在看。

我站在远处观察着这一幕，只见王曼宇玩得很专注，也注意到了李润在看她工作，她想了一下，似乎看出了李润的想法，本能地将身子扭到一边，不想让李润加入到她的工作中来，但李润并没有在意王曼宇的做法，依然坐在那里观察。

李润坐了一会儿，终于忍不住开口了。他很有礼貌地问王曼宇："我能和你一起玩吗？"他把老师教给的"如何礼貌地征得别人同意"的方法用上了，但曼宇还是拒绝了。李润选择了继续等待，没有离开，依然坐在那里看。

这个时候，王曼宇做这份工作也遇到了问题，她端详了很久名字卡片上的字，可是不认识，又拿起了一张，还是不认识。这时她看起来很苦恼。李润看到王曼宇那么着急，忍不住拿起了王曼宇手中的点名卡，读起来。王曼宇没有再说什么，欣然接受了李润的加入。

孩子的学习看得见

两个孩子便很开心地一起做起了这份工作……我也应其他孩子的要求，参与到了其他孩子的学习中。

第二天，我发现他们依然选择了这份工作。

王曼宇不喜欢别人介入她的工作，所以她

转向了一边。李润在等待之余，用了老师教的交往方法，仍被拒绝，依然等待。时机来了，王曼宇无法像老师那样念出名字而感觉无趣，李润念出了王曼宇不认识的名字，王曼宇欣然接受李润加入，两个小朋友很开心地玩起来……故事中的两个小朋友都有规则意识，也能尊重规则和对方的选择，他们洞察彼此心理的能力也很强。李润有礼貌、思维灵活、交往主动，坚守自己的选择；王曼宇自我保护意识强但也不失灵活。我们无法代替孩子成长，但我们可以提供适宜的成长环境，走近孩子、了解孩子、发现孩子，并支持孩子的发展。

园长的话：成长中的孩子有太多的秘密是我们所不知道的。几张名字卡片如此吸引他们，而在我们看来，漂亮的娃娃家、建构区、大量色彩鲜艳、种类丰富的教具，为什么此时他们却视而不见。

每天早上区域活动前，教师拿出名字卡片读出上面的名字，小朋友听到后答"到"。这个过程中是什么吸引着他们，我们无法知道，但我们知道他们选择这份工作，而且如此执着地等待，肯定有他们的道理，当满足了他们内在的某种需求后，兴趣也就会转向其他工作。

刘彦芝

第二部分

中班幼儿学习故事案例

有趣的磁铁

李秀君

观察对象：张墨（4岁）

观察时间：2015年4月10日

观察地点：班级教室

今天早上自选工作时间，墨墨小朋友神秘地从裤兜里掏出一样小东西，看着我说："李老师，你看（四个一样大小的圆形磁铁）……"接着你用手捏着磁铁，试图让它们相吸，你两手距离越来越近，右手一松磁铁吸到了一起。

这也吸引了王子小朋友，你自豪地说："这是我好朋友送我的，还可以这样呢！"你迫不及待地又演示给我们看（让磁铁隔着食指相吸）。

王子说："试试在我水杯上行不行？"你们隔着小老鼠的耳朵让磁铁相吸，果然也可以。你们又尝试隔着小老鼠的脑袋让磁铁吸住，结果试了两次磁铁都滑落了。

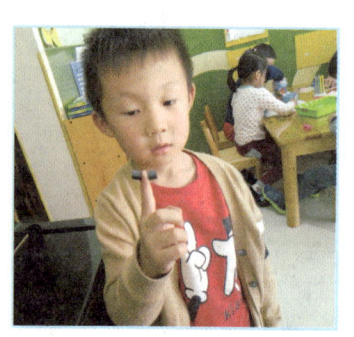

站在一旁观看的涌承递过来一张纸说："来，试试这个。"磁铁隔着纸也吸住了，这激发了你的挑战欲望，你拿着磁铁吸在了药品框上，药瓶盖上，吸在画笔盒上，吸在地垫上。你还想去试试妞妞小朋友正在做的工作，但被拒绝了，妞妞说你打扰了她们的工作，你顺势拿起地上的托盘，磁铁隔着托盘底部也吸住了，你拿着下面的磁铁来回挪动，上面的磁铁也跟着来回挪动。

你将四块磁铁侧面吸在一起，食指和拇指捏住最顶端一个磁铁，这样四块磁铁像钟摆一样来回摆动。最开始时，你的手慢慢地摆动，过了三十秒左右，你加快了摆动的速度，从上往下数

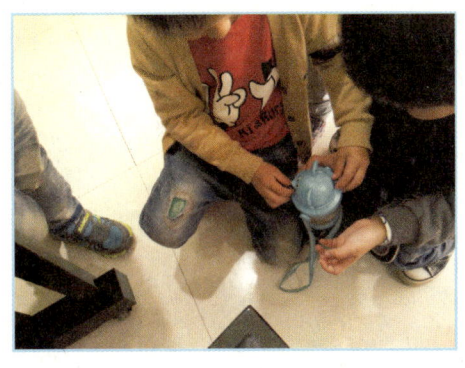 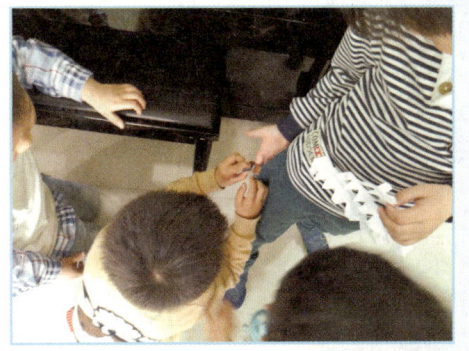

第二个磁铁掉了下来,你拿起来吸在一起继续摆动。我说:"两块磁铁放得很近可以吸在一起,两块磁铁隔着东西也能吸住,那么只有一块磁铁能吸在什么东西上面呢?"你笑笑说:"不知道啊!"正在剪纸的一鸣小朋友听到了,说:"铁的东西都能吸住,我爸爸跟我说过,我衣服上这里有,试试看!"于是你拿着磁铁往一鸣的衣服扣上吸,可试了几次都没吸住,你试图用力按也不行。我仔细看了看说:"这个扣子看着像铁的,其实是塑料的,只是镀了一层色。"

于是你又继续探寻铁的物品,铁盆、门把手、洗手池、饮水机、水杯……

你有强烈的好奇心,喜欢探究事物,对于自己感兴趣的事情喜欢刨根问底,也能够自己动手动脑寻找问题的答案,这些都是人生很宝贵的品质。作为老师我要多观察了解你的兴趣,多创设一些机会满足你探究学习的欲望。

> **园长的话**:张墨的磁铁事件,和你的计划相比纯粹是一次偶发事件。你的支持,使得张墨以及被吸引的小伙伴们进行了一次很好的关于磁铁秘密的探究。追随孩子的兴趣,去感受孩子的感受,了解孩子方能知道什么才是适宜的帮助。
>
> 刘彦芝

孩子的学习看得见

开火车

尚晓明

观察对象： 邢怀文（4.5 岁）

观察时间： 2015 年 5 月

观察地点： 幼儿园操场

户外活动时，你说："老师我要玩呼啦圈。"当我答应的时候，你开心地跳了起来。拿出呼啦圈，你对好朋友说："我们一起开火车吧。"记得孙瑞雪的《爱和自由》里说，要给孩子自由，对孩子放手。我选择了在旁边静静地观察你们。

你们商量好一人做一次火车头，你说自己是男孩子要先让给小女生，于是你站到了最后面。你不但善于合作，而且乐于与人交往，也懂得谦让。

看到你们玩得那么开心，子余忍不住加入你们的队伍。你说："你来得比较晚，你要在最后面。"你表现出了很强的规则意识和领导才能。

新加入成员不知道应该怎么连接这辆火车，一不小心呼啦圈勒到了你的脖子。你帮助大家把火车连好。

陆陆续续又有很多小朋友加入你们的队伍。

也许是加入的小朋友太多了，你们的火车断开了。

于是你提议："人太多，我们分开吧，我来当车头。"说完你带着小男生出发了。

分好队，你们开心地玩了起来……

之前总认为孩子没有成人的带领，会很危险，也不会玩得特别好，所以总喜欢用自己的想法去指导孩子，认为这样才能使他们得到更好的发展。今天孩子们的表现，使我彻底颠覆了以前的观点。我想，今后我会创设更多的机会，提供更加丰富的材料，尊重幼儿的主体地位，支持孩子们在自主游戏中得到更好的发展。

园长的话：幼儿教育的根本目的是促进幼儿的发展，显然幼儿才是发展的主体。"幼儿是怎样发展的""怎样才能有效地促进幼儿的发展"等，这些问题是我们要不断思考、探究和解决的。深入贯彻《幼儿园教育指导纲要》和《3—6岁儿童学习与发展指南》精神，正确理解"尊重幼儿的主体地位与发挥教师的主导作用"两者关系显得尤为重要。实践中很多教师将两者割裂开来理解，走向了或"放任幼儿"，或"控制幼儿"的两种极端，这是不可取的。你已经有了这方面的反思，如果能通过对幼儿的观察，分析他们的个性和发展水平，这对制定接下来的个性化支持策略将会更有针对性。

刘彦芝

穿木珠

梁晓倩

观察对象：王若愚（5 岁）　王越（4.5 岁）

观察时间：2015 年 10 月 13 日、20 日

观察地点：中三班教室

王若愚（5 岁）

"穿木珠"是蒙氏区域活动中最常见的工作，从小班起我们就添加了这份工作，孩子们也很喜欢，但是大部分都是在练习穿的技巧。升入中班后，我依然在日训区保留了这份工作，想看看孩子们会在选择这份工作的时候有什么不同。我看到你在教室的一角对这份工作研究了很长时间。

我走过去看了一会儿，很是惊喜。原来你在用相同图案的木珠进行序列的排

列。开始是 2 个西瓜，后面是 3 个狮子，但是再后面却是 3 个狐狸。我在想："不应该是 4 个才对吗？"后来我看到你也很纠结，不停地在盒子里翻找着，可是却只有 3 个狐狸。但你并没有因此而停止，而是继续又穿了 5 个梯形。虽然在木珠的数量上没有表现出 4，但是很明显你的概念里已经存在了序列的关系。5 的后面应该是 6 了，我发现你穿的并不是 6 个相同图案的木珠，而是 3 对分别相同图案的木珠，合在一起也是 6。很显然，你也有了加法的概念，并且很清晰。

你继续穿 7 的时候，却发现怎么也找不出来那么多相同的，于是，你就把所有白色底的、轮廓相近的全部穿起来组成 7，可是却发现竟然也不够。于是，你就出现了很长时间的停顿。

这时，张园长也很着急，她转身到别的班

级去收集木珠。不一会儿，张园长回来了，拿着收集到的木珠问你还需要吗？你却摇头说不需要。然后，就很专注地整理自己穿好的木珠。

后来我发现你在5个白色底的木珠后面加了2个不同的木珠组成了7个。虽然，开始的时候你对没有相同木珠这个现象感到纠结，但是根据你对数概念和加法的理解，后来你用自己的办法解决了，所以即使不是一模一样相同的木珠，你的心里也是释然的。

王越（4.5岁）

一段时间以后，我发现刚转到班级的你也选择了穿木珠的工作。在我的观察中，你一直在美工区工作，偶尔选择地面工作也是和好朋友一起，并且工作不是很专注和持久。今天你选择的穿木珠的工作也是以前没有做过的，我也很想看看在没有引导的情况下，你会怎么操作。

你取到这份工作后并不是急着把它们穿起来，而是把绳子放在盒子里，把木珠都拿出来观察，然后发现里面的异同。我看到你把小动物和食物都摆在了一起，虽然对应的不是那么准确。可是渐渐地你却发现还有一些图形没有对应起来。这时候你似乎有些不解，思考该如何继续操作下去。我知道，第一次选择这份工作的你并不知道这是一份练习手部小肌肉的工作，正因为如此，你才会发现其中的小不同，并用自己的方式表现出来。其实，我很想告诉你狮子是吃肉的，白兔是吃萝卜的……可是这又有什么关系呢，你用小女孩特有的可爱心思，发现了里面的小秘密，同时也点醒了我，原来还可以这样。

孩子的学习看得见

  当你发现里面还有图形的时候，即便有些困惑，但依然没有放弃，而是继续把小动物和食物放在一起。

  经过你的坚持和努力，渐渐地只剩下图形。排列好以后，你拿着绳子问我："老师，这个怎么玩？"我会心一笑给你演示了穿的动作，你点头并从我手里接过绳子，按照你排列的方式穿了起来。

  观察到的两个孩子，一个是对这份工作非常熟悉，另一个是第一次选择这份工作，但是他们都能从自己已有经验中提取出和当下工作有关的逻辑关系，最后再回归到原始的操作当中。同时孩子们的操作也点醒了我，要更加深入地发现教具中深层的逻辑关系，投放的材料要更具开放性，以便能更好地促进孩子不同水平的发展。

  园长的话：你的用心观察和解读，让我感到非常欣慰，有一群这样的老师是咱们妇联文知星幼儿园的骄傲。一份穿木珠的工作，对于小班年龄段的幼儿来说是穿的动作吸引他们，处于精细动作发展期的孩子，惊喜于能够将珠子穿进去而乐此不疲。同样一份工作，对于中班的孩子则体现出了不同的发展价值。从王若愚穿珠的过程，不难看出他对7以内自然数的序列、数量、分类以及数的组合等知识已经掌握，而且表现出了很好的内在秩序感，学习能力，以及灵活、自信、坚定的良好品质。对于王越小朋友同样表现出了她这个年龄段的能力水平和主动学习的良好品格。你在反思中也提到，以后在材料的准备上会根据幼儿的不同能力水平，提供更加开放丰富的材料，相信孩子会呈现出更多的惊喜。

刘彦芝

海绵宝宝房子餐厅

周宏彩

观察对象：赵晓萱（4.5 岁）

观察地点：教室

观察时间：2015 年 10 月 10 日

最近的你，几乎每天都会选择美工区，虽然有时好像手里的笔不太"听话"，让你很生气，但是你从不气馁地继续画着。

一旁的曾子格说："你画的什么呀，乱七八糟的！"你放下手中的笔，拿起作品认真地对曾子格说："你看，这是海绵宝宝房子餐厅，这是爱心，这是圆圈，还有很多桌子、椅子！"

听着你很有条理地介绍着你的心爱作品，我不禁上前仔细看起来，确实看到了爱心和圆圈，但左看右看也没看见"桌子、椅子"。

于是我好奇地问你："赵晓萱，你能告诉我你的桌子椅子在哪里吗？"你不假思索地说："打开门不就看见了嘛！"

孩子的学习看得见

  这时我才恍然大悟，对呀，这不是海绵宝宝房子餐厅吗？桌子椅子可不就是在屋里放着嘛。我在心里笑自己好傻。更对孩子的内心世界好奇。

  接着你继续对我说："这个餐厅里什么好吃的都有。"说完你又继续画起来……

  我不禁陷入了甜蜜的沉思，孩子们借助绘画表达着自己丰富的内心世界，他们有他们的思维方式和表达方式，以成人的视角去武断地判断，是多么无知！作为老师我要小心保护孩子的内心，珍视孩子的童趣，更要努力创设适宜的物质和人文环境。

  园长的话：好一个童心、童趣，幼儿的内心世界是个丰富的宝藏，而不是空瓶子等待成人来填鸭灌输。幼儿用他们的绘画方式来表达他们的所见、所想，情绪、情感也反映出了他们不同的发展水平。如果成人用教的方式来教画画，幼儿在模仿中练习了技巧，却没有了他们自己的绘画表达，眼中有画心中并没有画，更没有了个性和创造，也看不到他们的自然发展变化。你们班绘画区如此受欢迎，说明了他们喜欢这种环境和方式，喜欢老师不用成人的眼光、标准来判断他们画得像不像、合乎不合乎情理，喜欢老师乐意听他们讲他们画里的故事……

  向孩子们学习，方能给孩子们最适宜的教育。

刘彦芝

小球的滚动

李玲

观察对象： 朱元澍（5岁）　李寅（5岁）

观察时间： 2015年3月

观察地点： 中班教室建构区

建构游戏是深受幼儿喜欢的一种游戏类型，它对于培养幼儿的创造力、想象力和动手操作能力都起着很重要的作用。孩子在建构的这一过程中发生了很多有意思的故事，我们也在这些故事中更加明白孩子的意图。

区域自选活动中，你们选择了建构区的工作。起初你们两个只是简单地玩一个小球，主要就是把小球放到积木上，并通过倾斜积木促进小球的滚动，但是你们反复玩了一会儿，觉得这样有点儿乏味。就在这个时候，朱元澍问我："老师，你说小球怎么样才能滚得远呢？"我想了想，就对你们说："你们可以把一个积木斜放在墙上，再把小球放到积木上面试试，看看小球会不会滚得远点儿。"

当你们问我如何使小球滚得远的时候，我迫不及待地告诉了你们我认为的"答案"，没有给你们自由探索的机会。其实，我应该根据你们对小球滚动的兴趣、产生的问题和困难，支持、帮助、引导、鼓励你们自己去探索小球滚动的"秘密"。

于是，你们按照我的方法开始进行探索小球的滚动，将积木斜放到了墙上，并将小球放到了积木上，通过几次反复尝试后，你们发现这样做小球果然滚得很远，并且滚动的速度也很快。

你们两个虽然是在我的提示下进行的活动，但是你们却创造出不一样的玩法，老师

孩子的学习看得见

为你们骄傲,看到你们兴奋的表情,我知道小球滚动的"秘密"还在继续,好期待啊!

你们越玩越兴奋,紧接着你们提出比赛的要求,看谁的小球滚得远。在你们比赛的过程中,李寅突发奇想,又提出了一种新的玩法。

将积木竖在墙上,然后将球紧靠在墙上,当小球落下后,小球首先是会砸到积木上,并且小球会蹦得很高,但是滚得却不是很远,看到你们疑惑的表情,我问道:"在此基础上,我们如何才能让小球滚得远呢?"

苏霍姆林斯基说过:"人的内心有一种根深蒂固的需要——总想感到自己是发现者、研究者、探寻者。"在儿童的精神世界中,这种需要特别强烈,但如果不向这种需求提供养料,即不积极接触事实和现象,缺乏认识的乐趣,这种需求就会逐渐消失,求知兴趣也与之一道熄灭。所以教师的任务就是当幼儿对活动或问题的探究感到困难或无助时,教师利用"提问"这根拐杖,激发幼儿探究的积极性。当你们两个遇到探索的"瓶颈"时,我的提问激发了你们接下来探索的兴趣。

接着你们两个开始尝试着各种方法。通过探索,你们把一个积木立在另一块积木上,发现小球会滚得很远,但是小球滚动的轨迹会有点儿偏。看着两个小家伙认真思考的样子,我会心地笑了。随着探索的不断深入,我问道:"你们有什么方法能使得小球在滚动的时候弹回来吗?"

听到我的问话,你们立刻展开了行动,又探索出两种玩法。经过实践发现,小球能碰到竖着的积木,出现小球反弹的情况,但是滚动轨迹不是很好看。你们两个在那里讨论如何才能让小球反弹回来,又能使它的滚动轨迹好看。

你们在操作中发现了问题,遇到了困难,这一次我没有直接告诉你们我认为的答案,而是选择静静地观察,看你们如何解决问题。

顺着发现的问题,你们又开始进行探索,最终你们用两个半圆形的积木围了

一个圆形的区域,而竖在墙上的积木中间留有一个空隙,并通过不断尝试,实现了小球通过空隙撞击积木,小球反弹之后也会在圆形区域内滚动,最终完成了你们预想的效果,你们两个会心地笑了,看到你们勇于探索的精神,我也为你们感到高兴。

简单的一个小球滚动的游戏,你们却探索出了那么多的玩法,在探索的过程中,你们不断创新,让小球滚动更有乐趣。我想,小球滚动的探索依旧是"未完待续",不同的是,此时,我的心态更加平和,更能站在你们的角度去解读你们活动的意图,更能了解你们探索和创新能力不是我所能"教"出来的。我相信,每一个孩子都有他成长的节奏,只是花开有期,需要我们耐心地等待。

> **园长的话**:你的观察互动很有意义。蒙台梭利告诫我们,成人要以科学家的态度去观察、研究、了解孩子,以极大的兴趣和热情去行动,去发现儿童内在的潜能和秘密。读了你的观察反思,我有一种莫名的激动,为你能看到孩子所发生的学习而激动,为你的及时反思而激动,为你能放下成人的"教"而激动,为你恰到好处的启发而激动,为孩子所能发生的全身心的探索、发现、成长而激动。我和你一样期待你和你班孩子的"未完待续"。
>
> 刘彦芝

孩子的学习看得见

我们都是木头人

梁晓倩

观察对象：**中三班幼儿（4岁—5岁）**

观察时间：**2015年9月13日—9月18日**

观察地点：**本班教室**

刘老师带领孩子们玩了几次木头人的游戏，我发现孩子们特别喜欢。

接下来的一个中午，先吃完饭的孩子搬着小椅子来到走廊。孩子们自然知道老师想让他们坐在自己的椅子上安静一会儿，但总是会有小朋友静不下来，跑来跑去，一般这时，我们会组织一些手指操游戏。今天，我问："小朋友们，想玩什么游戏？"李智宇脱口而出："老师，我们玩木头人的游戏吧。"接着传来好几位小朋友的声音："老师，我也喜欢木头人的游戏。""好呀，既然你们这么喜欢这个游戏，老师想看看你们是怎么玩的。"我说。

孩子们齐刷刷地坐在小椅子上拍手说："我们都是木头人，不许说话不许动！"然后他们摆好姿势保持不动，相互观察着。就这样重复了几遍，我发现有些小朋友没有耐性，故意趁势跪在地上，甚至趴在地上，还有去给别人捣乱的……

"停！你们玩的游戏很好，但跪在地上、趴在地上不卫生，打扰别人不礼貌。"我说。这时候，孩子们告诉我："董利君坐在地上，赵浚含不在小椅子前面，王若愚故意打扰别人了……"

我说："那游戏的规则是什么？"孩子们七嘴八舌地说了起来："不许动。""还

有其他规则吗?"孩子们迟疑了一下,但说不出来。我顺势说:"没有规则,那就不知道怎样是允许的,怎样是不允许的,怎么办?""老师,那你给我们定规则吧。"一个小朋友说。"今天,老师想请小朋友自己来定规则。"我说。小朋友听我这样说,七嘴八舌发表着自己的意见,最后大家统一了意见:1.可以做想做的任何动作;2.看谁保持一种动作坚持的时间最长;3.不做趴在地上、跪在地上的动作;4.不可以去动别人的身体。规则定完后,其他的小朋友陆陆续续也都吃完饭,搬着小椅子出来了,我向小朋友们重复了大家定的规则,他们继续玩了起来。我发现刚出来的小朋友偶尔还有跪在地上的,但定规则的小朋友没有再违反……

到了下午离园的时候,往常我们会组织吃完饭的孩子讲故事、看书或者谈话交流,但今天孩子们主动要求:"想玩木头人的游戏。"于是,我当大灰狼,开始了木头人的游戏。当我说:"解除!"孩子们就会高兴地大声说:"耶!"不断重复,很喜欢玩。

在这一个星期里,孩子们对木头人游戏百玩不厌,很喜欢。户外活动时,孩子们也会自发地玩这个游戏。

中班年龄段的孩子,活泼、好动、好说。一动不动自我控制自己的身体的确是有难度的,但是通过游戏进行控制却是不一样的,他们很感兴趣,也发展了他们多方面的能力。

> **园长的话**:中班幼儿的动作能力明显地发展起来,自主性和主动性也有了进一步提高。"木头人"的游戏对他们来说具有一定的挑战性,符合他们的心理需求,孩子们特别喜欢,在喜欢的游戏中他们能够提出自己的想法,对自己定的游戏规则他们会努力地遵守。梁老师抓住了孩子的这一特点,游戏中几次巧妙的介入,"游戏的规则是什么""没有规则,那就不知道怎样是允许的,怎样是不允许的,怎么办",将问题抛给了幼儿。孩子们在解决问题中,他们的规则意识、主动性、持久性、目的性和专注性都有了比较明显的提高。
>
> 刘彦芝

孩子的学习看得见

安静的小女孩

宋春雁

观察对象：周芯宇（4.5 岁）

观察时间：2015 年 4 月

观察地点：本班教室

自选活动时，你选择了粉红塔，很专注地感受粉红塔的"奥妙"。这时，一个小男孩走过来，没有征求你的同意，就拿着粉红塔玩。当时我以为你会告诉他请他离开，出乎我的意料，你没有那么做，而是默默地看着那个小男孩在那里玩，一句话也没有说。五分钟后，周老师以为你打扰了那个小男孩选工作，过来询问，

你还是没有说话。最后还是那个小男孩说这份工作是你选的，然后周老师让那个小男孩离开了，你在那里愣了一会儿，然后又立刻投入到了粉红塔的工作当中。

那天开始，我对你产生了强烈的观察欲望。你不喜欢表达自己的想法，总是一个人在一个安静的角落做自己喜欢的事情，不想让别人打扰。

接下来的两个星期，只要选工作，你都选贴纸的工作。我好奇地问你："周芯宇，你为什么选这份工作？""因为这里最安静。"你一边贴纸，一边回答我。

一天，你很专注地贴纸，而另一个孩子也选择了这份工作。当那个孩子问你："周芯宇，我能和你一起选这份工作吗？"你并没有回应他，还是继续你手中的工作，那个孩子也开始了贴纸工作，我看到你脸上露出了无奈的表情。之后，那个孩子还想和你交流，但是，不管那个孩子说什么，你都未做回答，把工作归位后就离开了。

离开后，你没有立即去选择工作，而是选择在教室里走来走去，寻找一个你认为安静的环境。从那时起，我发现你不但不擅长交流，而且当别人和你主动交流时，你总是以沉默的方式应对，并且会逃避这种交流的环境。

　　看到你的徘徊，我忍不住上前问道："周芯宇，你想选什么工作？"听到我的问话后，你没有立即回答我，而是在教室里张望着，然后突然又好像发现了什么，高兴地对我说："老师，我想去看图书。"我对你笑了笑说："去吧！"而在接下来的几天里，只要有小朋友选择贴纸的工作，你就毫不犹豫地去选择看图书。

　　看到你总是以逃避的方式进行自己的生活，不与人交流时，我想慢慢去影响你。我针对你的情况，特意制定了一套方案：首先让你在内心深处接纳我，对我产生信任感、依赖感。因此，在日常工作和生活中，我会时不时地亲近你。其次，在开展主题活动的时候我也会刻意让你回答一些你很容易答出来的问题，并且经常组织一些需要两个人配合完成的游戏。开始的时候，你总是感觉比较尴尬也放不开手脚，慢慢地你开始乐于和别的小朋友交流了，表情也开朗了许多。接下来在班级的一次讲故事比赛中，我故意安排你第一个上来。平时就喜欢看书的你，这次讲得十分顺畅，内容生动有趣，赢得了小朋友的阵阵掌声，你自信地笑了。在你的生日会上，当所有小朋友向你表达生日祝福时，你能大声地说："谢谢你们。"你的变化，老师看在眼里，美在心里。

> **园长的话**：人们常说"教师是人类灵魂的工程师"，何尝不是呢！源自那份纯洁的爱心和责任，你走近了这个有些不同的小女孩。你拥有扎实的专业素质和那份促进每个幼儿在原有水平上不断发展的职业目标。你一步步创设适宜的机会，小心呵护着小女孩的内心世界。你让她感受到了他人的接纳和友好，看到了自己的能力，渐渐变得拥有自信和敢于交流。不失为一个成功的案例。
>
> 　　　　　　　　　　　　　　　　　　　　　　　　　刘彦芝

孩子的学习看得见

奥特曼

王修阳

观察对象：马梓程（4.5 岁）

观察时间：2015 年 12 月

观察地点：活动室

奥特曼是孩子们喜欢的动画片形象，影碟、图书、玩具，到处都是奥特曼与怪兽的形象。今天马梓程小朋友拿来了一本《奥特曼》图书，这本书一下吸引了孩子们的注意力，很多小男孩都围在他身边争着看。我悄悄走过去，只见孩子们正在讨论奥特曼和怪兽谁厉害的事情，讨论得相当热烈："我喜欢怪兽。""我也喜欢怪兽。"也有几个小朋友说喜欢奥特曼。我问那几个喜欢奥特曼的小朋友："你们为什么喜欢奥特曼？""因为奥特曼很厉害。""不对，不对，怪兽厉害，奥特曼有时候不如怪兽厉害，它还能把奥特曼打倒。"那些喜欢怪兽的小朋友立刻反驳道："对，还是怪兽厉害。"孩子们都随声附和道。"老师，等我长大了我要当怪兽，它最厉害，大家都害怕它。"

下午，我请超喜欢奥特曼的马梓程给我们讲了一个奥特曼和怪兽的故事，在他配合表演的讲述中，我们完整地听完了这个正义战胜邪恶的故事。孩子们纷纷说开了："怪兽想毁灭地球，奥特曼要保护地球。""因为怪兽是个坏东西，所以要打死它。"……

"怪兽刚开始的时候很厉害，后来，奥特曼把怪兽打败了。怪兽想要破坏我们的地球，是坏蛋，我要当奥特曼，把它们都打跑。"马梓程在讲完后激动地跟我和小朋友们说。喜欢当怪兽的小朋友有些动摇了："我可不当怪兽了，它很坏，还是奥特曼厉害，我要像奥特曼那样保护地球，我要当奥特曼。"

在我的引导下，孩子们的思维在悄悄地发生着变化，不过，我还是觉得这个奥特曼的动画很暴力，即使孩子们单纯地模仿其中的动作也是挺危险的。但接下来我该做些什么呢？

园长的话：性格鲜明的动画形象，总是会吸引孩子。模仿又是孩子们的一大特性，但这个年龄段的孩子们，他们的模仿是单纯的又是不加选择的。你能随机抓住这次由孩子们引发的讨论，巧妙地介入"你们为什么喜欢奥特曼"，推动了孩子们交流中的思考。在这里，孩子们的语言表达能力和思维能力也都得到了发展。下午，你通过马梓程的完整讲述清晰了孩子们对正义和邪恶的认知，全部倾向了"能保护地球的奥特曼"，可爱的孩子们在你的"润物细无声"的教育中自然地成长着。接下来，你的深入思考，我也很感兴趣，孩子的教育不仅是家庭、幼儿园的问题，更是一个大社会的问题。让我们多方共同努力，我也很期待你和孩子们继续发生的教育故事。

刘彦芝

孩子的学习看得见

我们在一起

宋春雁

观察对象：李小睿（4岁） 尤偌依（5岁）

观察时间：2016年1月

观察地点：幼儿园操场

你好久没来幼儿园了，这次你回来，突然间就喜欢上尤偌依。你们两个形影不离，特别在午休的时候，即使你们两个床不在一起，你们也要相视一笑，才能安稳地睡觉，今天的户外活动你们也是如此。

今天下午户外活动，其他小朋友都疯狂地玩起拉车的游戏，而你们两个走在一起，手拉手开始寻找你们两个最爱的游戏。

你们围着操场转了一圈后，还是不知道选择什么。

"李小睿，我们玩什么游戏啊？"

"我也不知道啊！"

"那我们和其他小朋友一起玩拉车的游戏，好吗？"

"不好，我们还是在一起玩吧，我和你一起玩。"

你们两个讨论一番，我也没听出你们两个最终选择了什么游戏，但你们还是很开心，因为你们两个还是在一起的。

你们继续寻找，在寻找的路上，你们两个时而手拉手旋转，时而两个人对视

一眼，开怀大笑，感觉只要你们两个在一起，玩什么都开心。当我走过来看你们的时候，你们两个玩起了你追我赶的游戏，一个跑一个追，围着一个柱子，玩了大约十分钟，然后我听见尤偌依说："李小睿，我有点儿累，我们休息会儿吧。"

休息时，其他小朋友喊你们两个过来一起拉杨老师，你们没有动，表示不想参与，但其他孩子一再邀请，你们参加了活动。开始拉的时候，一个小朋友在你们两个中间，你很生气地让那个孩子离开了，然后和尤偌依两个人一起加入拉杨老师的活动中。

成功拉走杨老师后，你们两个没有参加胜利的"宴会"，而是悄悄地离开了，转了一圈后，找了一个安静的地方，两个人安静地看着别人玩，一直到结束。

园长的话：儿童心理成长会经历诸多敏感期，"婚姻敏感期"是其中之一，它是儿童认知社会关系的必经过程。从四五岁开始，孩子们开始对人群组合发生兴趣，由于婚姻的组合形式离儿童生活最近，所以儿童的探索就会先从婚姻开始。一般4—6岁时，会进入婚姻敏感期。最初是爸爸、妈妈，后来是老师，随着认知的发展进入到同伴间的好感，这种好感实际上是孩子对性别角色和对异性最初的一种认识和体现。成人不可想得太多，这并不是成人意义上的男女朋友。有人说，顺利度过婚姻敏感期的孩子，一方面为孩子成人后的婚姻关系奠定了基础，另一方面反而不会出现早恋现象。

刘彦芝

孩子的学习看得见

第一次尝试

王修阳

观察对象：诸葛瑞智（4岁）

观察时间：2015年10月22日午餐

观察地点：活动室

不论是在家里还是在幼儿园，幼儿的用餐环节往往问题百出，好多家长都反映过"自己不吃等着喂""边吃边玩""边吃边逛，我都追不上""挑啊！这个不吃那个不吃"……

暑期的远程研修正好引领着我们解决这些幼儿成长过程中出现的各种问题，其中就有"幼儿自主取餐"环节。经过老师们的一再讨论，今天我们决定从午餐开始实施"幼儿自主取餐"，既是考验，又是总结经验。

初次尝试，我们把桌子、饭、菜、汤和餐具都摆好在场地的中间，老师认真地示范了一次，又请来五位小朋友进一步尝试，老师们在旁边录像，记录这一切。最后所有小朋友都排队开始取餐，这时诸葛瑞智引起了我的注意。

你（诸葛瑞智）的前面有两个人，由于小朋友初次自己来服务，盛饭盛菜的速度并不快，老师们都注意到了你目不转睛地观察和略带期待的眼神。其实，老师也很期待大家的表现，特别是你，因为你前几天还告诉我在家里还是爸爸妈妈喂的。后面的小朋友着急了，小声说道："快点儿，快点儿。"你也跟着他们催促起来："快点儿吧。"可能是大家的催促起到了作用，前面两个小朋友盛完走了，你走上前稳稳地拿起夹子，可是夹菜的速度非常非常慢，我不清楚你是在做选择还是不敢用不敢动。后面的小朋友又开始了："快点儿啊，快点儿啊。"这使本来就慢的你有些不知所措，直接站在那里不动了，微微抬头，眼睛直直地望着我，我信任地对你点了点头，也许我真的不该说什么，因为这只是个开始。看到我点头，你仿佛获得了什么信息，转过头对着身后的小朋友说道："不要着急，一个一个的。"杨易儒也接着说："对，请安静，等他盛完。"这时你转过头一边盛饭，一边自言自语："我快盛完了，我快盛完了。"最后你高兴地对老师说："我盛完了，我第一次盛哟，第一次！"说着伸出了你左手的食指。

在你语言的重复中我感觉到了你的紧张还有喜悦，相信你在这次由紧张转变到喜悦的体验中学习到的不仅仅是怎么盛饭！

园长的话：从需要家长督促吃饭甚至喂饭，到自己独立吃饭，再到今天的自助取餐，好大的挑战，但成长却在惊人地发生着。这就是孩子的潜力和环境的影响。几年来，我园在《幼儿园教育指导纲要》和《3—6岁儿童学习与发展指南》的引领下，在践行蒙台梭利教育的实践中，教师们的儿童观、教育观在悄然发生着可喜的变化。儿童是一个有能力、有自信不断趋向独立的学习者、成长者，儿童的成长是与生俱来的天性的自然绽放……教育不是填鸭和代替而是隐性的支持、适宜环境的创造，推动儿童在自我学习成长中发现自己的能力、建立我能行的自信……拥有这种品行和人格，接下来伴随终生的学习和能力将是自然而然的事情。

刘彦芝

孩子的学习看得见

告 状

王修阳

观察对象：杨峻祺（4.5岁）

观察时间：2015年12月

观察地点：活动室

不管是在教学活动中，还是在游戏中，懂事听话的孩子总是会得到老师的关爱，而那些调皮、捣乱的孩子往往得到的是批评教育。细想起来，其实这些调皮捣乱的孩子，更需要得到老师的关爱。

杨峻祺是我们中一班特别活泼可爱的孩子，在与小朋友游戏时，特别容易发生冲突，小朋友们都不喜欢跟他交往。在我的观察中，杨峻祺其实特别喜欢与小朋友交往，也乐意与他们一起游戏。每次区域自选活动时，他都积极地参加，表现自己，总希望得到老师和小朋友的关注。

但他与人交往的方法不是很正确,所以经常导致一些不愉快的事情发生,经常有小朋友打他的小报告。在幼儿园一日生活中,杨峻祺免不了被小朋友告状,工作的时候,他总是不断地离开位置,去看看这个,看看那个,自然会打扰到了别的小朋友的工作。所以,我听到的就是:"老师,杨峻祺打扰我工作了。""老师,他碰到我了。"针对这种情况,我就有意识地去接近他,关注他,给他一个会意的微笑。告诉他在区域活动时,想加入别人的工作时怎么办,鼓励他与小伙伴多交流,学会轻声说话,学会与小朋友共享快乐。杨峻祺小朋友的建构比较有创意,我们有意给他提供建构区活动的机会和时间。慢慢地,投入到自己工作中的杨峻祺,性格温和了,和小朋友的相处融洽了。

园长的话:在我们的教育中,我们常常讲"没有不好的孩子,只有不会方法,不知怎么做才对的孩子","纠短式"教育自然不可取,你的实践证明"扬长式"教育更能收到好的效果。

刘彦芝

孩子的学习看得见

好多的串珠

王修阳

观察对象： 李卓轩（4岁）

观察时间： 2015年9月

观察地点： 本班教室

你（李卓轩）一直比较活跃，比较能说，而且表达得比较清楚，规则意识也比较好。在老师的观察记录里，你的表现很不错。和其他孩子一样，你在数学区的工作时间不多，可能是敏感期没有到。今天，你和几个小朋友都在数学区徘徊，看了很长时间的100串珠链和1000串珠链，有些犹豫，因为你没怎么操作过它们。我走到旁边轻轻问："你想选择这些工作吗？""想啊，可是我不怎么会操作它们，你可以帮帮我吗？""可以啊，那我们从100串珠链开始吧！"我建议道。"好啊，王老师你可以和我一起工作吗？""当然可以，我们开始吧。"

你选好了工作毯和地垫，还帮我拿了一个地垫。拿过工作，我完整地展示了一遍，你看得很认真。我们先一个一个地数，每数一个串珠你就小心翼翼地把数字卡片放好，按照这个方法我们找出了10、20、30……90、100的位置，你很开心。

"李卓轩，你可以自己试一试。"于是，你开始小心翼翼地操作，每过一两分钟我就回头看看你，我发现你按顺序很顺利地数出了每个数字的位置，数字卡片放置得也很准确。这令我感觉有些意外，每一个都是正确的，我打算让你来试试1000串珠链。

看着你专注地做了两遍100串珠链，打算把工作收起来的时候，我说："100串珠链你操作得很准确，我们来试一下1000串珠链吧！"你痛快地答应了。取来工作后，你指着更多的数字卡片说："这么多数字卡片，我们怎么来做呢？""李卓轩，我们先把它们按颜色分分类吧。"我打算就提示到这里，先看你的表现。分好类的数字卡片放在一边，你开始一个一个地数了起来，10、20、30……100，过了100再数一个串珠的时候你停顿了，看了看我，说："我们没有10、20、30这些数字卡片了，怎么办呢？"我觉得这个关键的时候到了："怎么办呢？我们继续往下数看吧。"你看了看后面长长的串珠链，开始数，数到200的时候还

一千串珠链

一百串珠链

是一个珠一个珠地数,过了200你突然开始10个10个地数起来,听到你小声地数着"10、20、30、40……",我很开心,相信你也许很快就能一百一百地进行下去。

园长的话:观察是施教的基础,看得出来你对孩子的观察是非常用心的。自今天李卓轩反复在数学区徘徊,也许这就是她数学敏感期到来的征兆,你读懂了她。继而从旁适时地给予她协助与引导,你很开心看到了她惊人的进步,我也一样为你和她高兴。世界幼教之母蒙台梭利认为,如果儿童被置于一个有利于他们自然发展的环境中,使他们能按自己的需要、发展的节奏和速度来行动,他们就会显现出惊人的特性和智慧。

刘彦芝

孩子的学习看得见

剪窗花的"男子汉"

周宏彩

观察对象：杨欣怿（4岁）

观察时间：2015年9月18日

观察地点：本班教室

在老师的心目中你一直是一个小小男子汉！加上你黝黑的皮肤、十足的饭量、有力的小手，更坚定了我对你这个男子汉的认可！

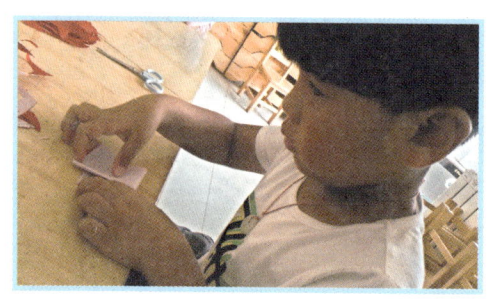

今天，区域活动一开始，你在各个区域里来回转了几圈，最终被美工区的大红纸吸引住了。有几位小朋友正在剪窗花，你驻足看了一会儿，也取来了大红纸和剪刀。你学着别人的样子也折了折。

以前，你可从来没到过美工区，更没见过你使用剪刀，我很好奇。所以，我一定要观察你。

你看着别人在纸上画着什么，"豁然开朗"似的请我给你画。应了你的请求，考虑到你用剪刀的时候很少，就给你画了几条简单的纹路。你开心地剪着。每剪一刀你都会轻轻地把剪纸打开看看，也迫不及待地给我看，看得出你对剪纸的期待。

虽然你努力不让左手的纸以及右手的剪刀颤抖，但是它们好像并不听你的话，还是在不停地抖着。虽然你很认真地在剪，却不懂我给你画线的意义，只是随心剪着。在一旁的我，既想笑又有些担心，唯恐你剪着手。但你的专注让我刮目相看，加油！

你终于有了得意的作品，还说："这样看是裙子，这样看是领结。"说着又把"领结"放在自己的领口比画比画，还真像！然后我把剪纸放到你的头上说："是呢，如果把它放在头上就是蝴蝶结了。"意料之中，你猛地低头，躲过了蝴蝶结，不好意思地笑着说："我是男生！"

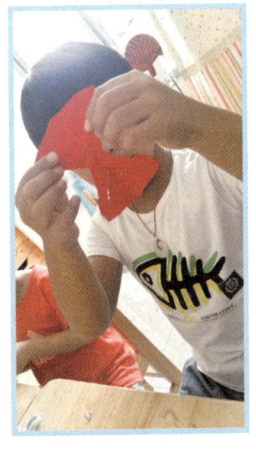

男子汉气概十足的你，显然不喜欢蝴蝶结。当然，这从你入园的第一天就已经表现得淋漓尽致。舍不得离开妈妈的你，不像其他小朋友那样哭着要老师抱，你独自找一个角落不要老师抱也不要老师陪，用你独特的方式排解着自己的焦虑。

你不仅觉得你的剪纸不错，你觉得剪下来的边也是那么有创意。就这样你剪了一张还要剪，你同样要我给你画纹路，只是这一次我给你演示了剪纸的方法，尤其是纹路的剪法。你按照我给你讲的，很认真地剪了起来。

当我给你演示剪纸，尤其是讲纹路的剪法时，你那恍然大悟的眼神，真令人兴奋！

就这样，你剪完一张还要再

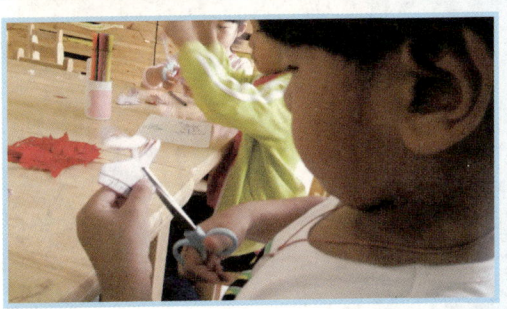

孩子的学习看得见

剪一张,同样要我给你画上纹路。你的小手已很好地适应了小剪刀,也知道了纹路的剪法,只是这一次你又遇见了一个新问题——拐弯!你连剪带拽的,很快就要撕坏了,说:"老师我没办法了。"于是又请我来帮忙。我建议你换个方向再剪一下看看,结果你很好地就剪下来了。

看着你专注的眼神,越来越熟练的小手,不禁为你加油!你一口气剪了5张,似乎每一张都是你的"得意之作",令你爱不释手。当你把废纸收干净后,迫不及待地拿着自己的作品和其他小朋友一起分享!看着你自豪的表情,真为你感到骄傲!

园长的话:"男子汉"的柔情——"剪窗花"着实可爱,你班孩子的剪窗花水平可是不低,手眼相当协调,也不乏令老师都自愧不如的创意之作,但这丝毫不影响这个初级学手对自己的"稚拙"作品的得意。我想,这也正是作为教师的你们教育的成功,不以统一标准来看待和要求孩子,而是视每个孩子为独一无二的个体,尊重他们的自然发展规律和个性特点,追随孩子的不同敏感期而因材施教。孩子的秘密,值得我们一辈子去研究啊。

刘彦芝

我们一起来传球

刘晓慧

观察对象： 侯依辰（4.5岁）

观察时间： 2015年6月

观察地点： 幼儿园操场

再有几天，幼儿园就要举行拍球比赛了，所以今天的户外活动我们班安排了自由拍球练习。你（侯依辰）拍得特别认真，不断地反复练习，先是用左手拍，然后右手拍，接着两只手拍球，随着技术越来越熟练，你也渐渐失去了继续拍球的兴趣。

突然你发现门卫黄爷爷在操场上，于是性格外向活泼的你主动要求黄爷爷与你一起拍球，你说："爷爷我要跟你一起传球！"黄爷爷禁不住你的再三要求，说："好好好。"于是，你把球扔给黄爷爷，黄爷爷把球扔给你，一老一少在操场上玩得很开心。

看到你拍得这么熟练，我并没有再要求你继续练习，而是尊重了你的选择，让你有机会探索新的玩法，尝试新的挑战。性格外向活泼的你，无论是在幼儿园还是在家里都很受长辈的喜欢，你会主动与叔叔阿姨打招呼，跟厨房门卫的师傅们问好。小小年纪的你交际能力这么强，作为你的老师，我感到很欣慰。

你们玩得那么开心，渐渐地吸引了更多的小朋友过来，他们都想加入到你们传球的队伍中。来传球的小朋友慢慢多了起来，爷爷不得不搬着小方凳，转移到空旷的地方传球。你的身后排起了长长的队伍，每个小朋友传两次球之后，主动

孩子的学习看得见

到队伍的后面，整个过程井然有序。

不得不承认你是很有创造性的。你探索的新玩法得到了小朋友的肯定。我想现在的你一定觉得特别的自豪。看到你传完两次球，主动跑到队伍的后面重新排队，兴奋之情溢于言表！

玩了一会儿之后，黄爷爷离开了，你坐到了黄爷爷的小方凳上，学着爷爷的样子与小朋友传起球来。你既要小心地接着小朋友传过来的球，还得极力维持好秩序，要求传球的小朋友遵守好游戏的规则，小朋友也很配合，你们玩得很开心。

从你的身上我看到了探索和尝试，也看到沟通能力与领导能力，这些是孩子成长中非常宝贵的东西。作为你的老师，看到你的进步，我感到非常开心。

园长的话：教师与幼儿之间的关系是否平等，幼儿是否受到了应有的尊重，常常反映在教师对待幼儿自发活动的态度上。在你的故事里，看到了自发活动对孩子的发展价值，我也看到了一个懂得尊重孩子和欣赏孩子的老师。但面对不断发展变化的孩子，作为老师我们学习的路还很长。

刘彦芝

美工区的小巧手

刘婷婷

观察对象：陈那鑫（4.5岁）

观察时间：2015年10月12日

观察地点：中三班

自选活动时间到了，你（陈那鑫）又来到美工区。已经能熟练使用剪刀的你，认真专注地剪手中的纸，我好期待看到你剪出的作品！

看到我的到来，你迫不及待地向我介绍起来，并伸出五根手指，说你刚刚剪了五根面条，只够自己吃的，还要帮我也剪一些吃。你能想到招待我这个"客人"，我真的对你刮目相看！

过了一段时间，你剪得越来越好了。"如果你一直转一直剪，会剪成什么呢？"我问你。你拿起一张小纸，按照我的提示剪了起来，到拐弯的时候，出现了一个棱角，你用剪刀对着角修了修，虽然不是很光滑，你还是惊喜地发现，总朝一个方向剪，竟然是个圆！你拿着自己的作品让我看了一遍又一遍，然后又把方法分

孩子的学习看得见

享给其他小朋友。

又过了几天,你开始对彩色的纸感兴趣。你把各种颜色的纸剪成各种形状的纸片,然后用胶棒粘在白纸上。开始的时候,你粘得杂乱无章,慢慢地竟然有了各种造型:小鱼、大树等等。色彩搭配鲜艳,俨然一幅幅小小的艺术品。

接下来的日子里,你每天都会花大约30分钟的时间剪纸,然后再去选择别的工作,很有计划性和规律性的。

你对剪纸特别感兴趣,每一次遇到困难,都能认真思考,反复尝试,不断与生活中的实物联系起来,想象力、创造力、动手能力都有了提高。你在操作与摆弄中,感知了形状与空间的关系。同时你能够有计划地安排自己的剪纸时间,剪完后及时清理垃圾,这说明你具备了一定的规则意识、良好的卫生习惯,也发展了专注、耐心等学习品质。

园长的话:你的观察客观翔实,和幼儿的互动融洽适宜,又有对孩子学习发展的分析解读,这为如何使幼儿的自发学习内容与课程的其他领域的学习联系起来,同时也为如何通过家园合作来促进幼儿的发展奠定了基础。

刘彦芝

瓶子秀造型

赵妮妮

观察对象：李秋实（5岁）

观察时间：2015年4月13日

观察地点：活动室

原本我们班的颜料瓶是上次美术课上和小朋友用颜料粉调配的，放在那里供孩子们认知观赏。我无意间发现你（李秋实）在用这些瓶子摆造型，我走过去问了些颜色的名称，你都对答如流。我对你摆弄瓶子充满了好奇，于是站在一边观察起来。首先你用六个瓶子分1、2、3的顺序摆出了一个三角形。你欣赏着，旁边的小朋友在为你鼓掌。

紧接着，你又用这六个瓶子分上下两排摆出了长方形。我问你："正方形怎么摆？"你说："拿走两个就是了。"于是你从边上拿走了两个瓶子，剩下四个瓶子组成了正方形。

你又将两边分别竖着摆了三个瓶子，中间放了一个瓶子。这是什么图形，你低头思索着。随后你又用五个瓶子摆了个梯形，可是你对这个图形依然不了解，皱着眉头思索着。

我想如果把立体的造型放到平面上，你可能会更加一目了然。于是我递给你一张纸和一支笔，对你说："你可以先把造型的轮廓画下来。"可是我发现你并

孩子的学习看得见

不能照着画出来。于是我又给你找了几支笔，你用这些笔将造型围了起来。

可还是不能画下来，你又将这五个瓶子从桌子上平移搬到纸上，再一次围轮廓。你把轮廓围好后，又把瓶子放到桌子上，纸上留下了造型的轮廓，然后你用铅笔绕着摆好的轮廓将线画了下来，最后纸上出现了一个梯形。我问你："像什么？"你说："像个滑梯。"我说："嗯，它叫梯形。"你跟着我念了一遍梯形。我又问你："几个瓶子拼成的？"你说："五个瓶子拼成的。"

你就这样在游戏和探索中快乐地学习着。

在这个过程中你学到了什么？

你刚开始拿到颜料瓶时，我问你颜色你都能回答上来，你对颜色的概念掌握得已经很好。你经常动手动脑探索物体和材料，并乐在其中。

你通过摆弄造型，感知和体会了有些事物可以用形状来描述。

你通过发现每个形状由几个瓶子组成的，感知和体会了有些事物可以用数来描述，对环境中各种数字的含义有进一步探究的兴趣。

你能通过操作理解数与数之间的关系，比如长方形变正方形时去掉两个瓶子。

你能感知和发现三角形、长方形、正方形的特征，并能很快表现出来。

你用笔把轮廓围好后，又把瓶子拿走让轮廓直观地显示在纸上而且你能用笔把它画下来。

接下来的发展可能性有哪些？

你的想象力很丰富，而且敢于大胆创造。有机会我们会为你提供更多的材料让你来创造。

从立体到平面的概念对你来说是个新鲜事物，以后我们会提供更多机会让你操作。

基本图形的特征你已掌握，但对更多图形的概念和特征你还需要进一步了解和学习。

园长的话：这是我看到的第一个学习故事，"注意——识别——回应"脉络清楚。"注意"部分你以叙事方式清楚地描述了"发生了什么"，"识别"部分你用心地分析了故事中的小主人可能发生了哪些学习，"回应"部分你提出了进一步促进和拓展幼儿学习与发展的设想和方案。你的学习故事很完整，值得大家学习借鉴。

刘彦芝

我的新发现

宋春雁

观察对象：苏雨轩（4.5 岁）

观察时间：2015 年 12 月 16 日

观察地点：本班活动室

在自选活动时，你突然跑过来问我："老师，7 可以分成 4 和 3、3 和 4，也可以分成 5 和 2、2 和 5、6 和 1、1 和 6，你看都一样，为什么要分两次呢？"他疑惑地看着我。

我没有说什么，只是又重新操作了一遍教具，让你感受到结果。虽然都是 7，但分的过程是不一样的，然后你自己又一次次地操作教具，你一边操作教具一边点头，好像明白了什么。

数学知识是抽象的，如何将抽象变成具体可操作的材料。在操作中，慢慢感悟而明白其中的道理，是我园教师一直努力的方向。

当你把这份工作归位后，你选择了中国地图，你把省份嵌板一个个拿出来，并没有像往常一样再一个个放回去，而是按照省份嵌板的颜色进行分类，同种颜色的省份放一起；并且在拼地图的时候，你先放颜色少的省份，紧接着放颜色多的。

当工作完成后，你问我发现了什么，我笑而不语，你悄悄地趴在耳边说："老师，这是我的新发现。"然后滔滔不绝地讲起你的新发现……

在宽松自由的氛围中，幼儿就这样在玩中学，在学中乐；在学习中发现，在发现中成长。

中班幼儿学习故事案例

园长的话：年龄越小的孩子，越需要通过直接感知、实际操作和亲身体验来获取经验。当孩子置身于一个具有丰富的操作材料和宽松支持的环境里，在老师的引领下，自动自发的学习活动就会自然产生。通过与环境的互动和材料的操作来实现自己知识的、能力的、人格的多方面发展。从你的故事里，我看到孩子的这种发展，也看到了一个很会把握引导尺度，深受孩子喜欢的老师。

刘彦芝

孩子的学习看得见

我不是"结婚狂"

李玲

观察对象：郑湫琳（4.5岁）

观察时间：2015年4月

观察地点：本班教室

最近我们班动不动就听到谁和谁"结婚"的消息，猛不丁就会有孩子过来告诉我，"老师，我想和你结婚""老师，我想和妈妈结婚""老师，我想和XX小朋友结婚""老师，我想……"，总之都是关于一些结婚的"诉说"。

今天下午你和廉梓霖、武天昊上演了一出"我不是结婚狂"的情感大戏。

起初，你双手环抱着廉梓霖，动作很亲昵。"郑湫琳，你想和我结婚吗？"廉梓霖问你，你笑着回答道："我想和武天昊结婚。""那你既然不想和我结婚，为什么抱着我，你去抱着武天昊吧！"廉梓霖面无表情地说。

转眼间，你放开了廉梓霖，立刻投入到武天昊的怀抱，嘴里还喃喃自语着说："武天昊，我要和你结婚，老公，老公！"这时我平静地问武天昊："武天昊，郑湫琳想和你结婚，你愿意吗？"武天昊看着抱着自己的你，思索了2秒钟："好吧！"回答完后，武天昊就和其他小朋友开心地玩耍了，根本就没有把这件事当成事。这时你也若无其事地走开了。

看到你的样子，我把你叫到身边："湫琳，你知道什么叫结婚吗？你为什么要和武天昊结婚呢？"你看着我，笑嘻嘻地告诉我："因为武天昊聪明，老师，我不是结婚狂，我是想明白了才结婚的。"听到这里，我惊呆了！

下午离园的时候，我有意和家长进行了沟通，我明白了你说出这句话原来是在模仿电视剧的语言。同时，在跟家长沟通的过程中，我也就儿童婚姻敏感期的问题谈了我的看法。接下来，老师会加强对儿童婚姻敏感期相关理论知识的了解，为的是能够采取适宜有效的方式，陪伴你们顺利度过婚姻敏感期。

园长的话：4—6岁的孩子会经历一段婚姻敏感期，持续的时间不一。自然顺利地度过会为他将来的婚姻奠定幸福健康的基础，否则在小小心灵上被压抑或扭曲，将会对他健康的人际关系特别是婚姻关系产生影响。从小小的孩子嘴里冒出来"结婚"这个字眼并不是什么新鲜事了。当他不停地说他喜欢某某小朋友，或是有一天认真地对你说："老师（妈妈或爸爸），我长大了要和你结婚。"这或许就在告诉你，他正在进入"婚姻敏感期"。在婚姻敏感期中，孩子所说的"结婚"也是他们表达喜爱的一种方式。记得你（李玲）曾经和我分享，一天，你班武天昊小朋友，很认真地对你说"李老师，我长大了要和你结婚"时，你的回答"等你长大了我就老了"，使他陷入了沉思，就有了"那好吧，我不和你结婚了，你太老了"的心智成长。我认为，成人要做的就是不要太关注，更不要把这理解为成人意义上的结婚。但当孩子向你哭诉："我想和ＸＸ结婚，他不和我结婚。"或者"我想和他结婚，他说不和我结婚，他要和XX结婚"时，你要平静接纳地和其交流，如"结婚，需要两个人都同意才行，你得问问他是否愿意（孩子只从自我出发）"。有时孩子想想就没事了，就这么神奇。如果孩子一再说起，成人可以告诉他："你可以和其他小朋友做朋友呀。"孩子在这个过程中认知得以不断发展，懵懵懂懂理解了好多人生道理。有人说"儿童通过几个月来发展完成的事情，可能成人10年或者一生都没法解决"。孩子的秘密需要我们终身去研究，让我们和家长一起努力，在陪伴孩子的过程中，去享受、珍惜和把握好孩子一生中只有一次的一个个不同的敏感期吧。

刘彦芝

孩子的学习看得见

我来帮助你们吧

宋春雁

观察对象：朱俞霖（4.5 岁）

观察时间：2015 年 10 月

观察地点：本班教室

本周到了拿被褥的日子，为了培养孩子的自主能力，我们让孩子自己整理被褥，自己打包。接下来你们呈现的每一个画面都让我感动。

有的孩子很快就把自己的被褥整理好了，而你不但自己整理好，而且还主动帮助其他的小朋友整理收拾，你的表现吸引了我的注意。

在孩子们都"手忙脚乱"地收拾被褥的时候，我发现你站在那里观察。果然，姜懿桐站在那里不知所措，一副无从下手的样子，这时候你走向了姜懿桐。

"姜懿桐，我来帮助你吧！"姜懿桐点点头。你赶紧蹲下来，像个大姐姐一样，小心翼翼地认真地给整理，还不时对姜懿桐说："你这样把袋子撑起来，我们这样还节约时间。"姜懿桐像个小妹妹一样站在姐姐旁边，认真地听着你的指挥。你把被子整理好又打包好，才离开姜懿桐的床边。

当你刚要离开的时候，发现徐佳琪的包拉链没有拉好，你什么都没说，蹲下来帮助徐佳琪把包拉好，然后站起来对着徐佳琪笑了笑，一会儿又穿梭在其他小朋友之间……

好像帮助别人就是你的需要，我想正是由于你平时干了这么多，所以你动作越来越麻利、灵巧，表现得比其他小朋友能干，所以你特别有自信。回想平时，你有很多这样的行为，小朋友的小椅子找不到，你就主动去帮忙。老师在整理毛巾你会主动过来帮助老师。每当我向你竖起大拇指，你都会不好意思地对着我笑笑，好像在说，这没什么。你的这种品质不但值得小朋友学习就连我这个当老师的也需要向你学习。

园长的话：从你的故事里，我看到了一个乐于帮助别人的可爱的孩子。就像你说的，生活自理能力强的孩子，她整个状态都是积极乐观的。这种品质同样会迁移到学习和将来的工作上，主动、自信。我还看到了一位有敏锐感受力和善于观察、善于引导的老师。你不妨多向家长沟通、了解一下：是什么样的家庭教育培养了她……也好和其他家长做一些经验交流。

刘彦芝

我是小小建构家

宋春雁

观察对象： 崔柏宁　陆韵丞　周子烁（4岁—5岁）

观察时间： 2016年1月

观察地点： 本班建构区

今天你们无意间搭起的"高楼"，引起了我的注意，你们三个人的完美合作让我叹为观止。

我发现的时候，你们三个都搭了很高了，开始商议如何进行下一步的计划，你们三个通过一番讨论，就"高楼"的稳固性、美观性进行了一次次尝试，最终决定在每一层"高楼"用四个粗一点儿的圆柱体积木作柱子，另外在每一层放上一个拱形积木来充当窗户。

上次观察你们距今已经有半个月了，你们的合作意识更强了，能围绕自己的想法进行拼搭，搭建中也充分运用了延长、围合、架空、架高的基本技能。我很有兴趣继续观察。

但当你们搭建"高楼"顶层时，你们想用四个三角形积木分别放在四边，随后你们发现如果这样，楼顶就不能"闭合"了，就这样你们一次次尝试，想找到最完美的竣工方式。

你们把四个三角形全都放在最后面的那根木板上，其余三边分别用大拱形积木搭建，大体框架出来后，你们又细细地雕琢，就如何更加美观的问题你们开始装饰。

你们能够有意识地讨论搭建主题，并共同围绕一个主题进行搭建，并且在完成主题任务时，能够进行分工合作。

当完成楼顶的工作后，你们开始分工进行高楼

中班幼儿学习故事案例

的整体装饰，陆韵丞负责楼层中间的装饰，周子烁负责楼底，崔柏宁负责材料的收集。分工明确又相互帮助，希望这个大楼更完美。

通过共同努力，终于完成了，但你们左看右看唯恐哪里不完美。我不禁感叹：好负责任的建筑师啊！

我走向了你们，当你们高兴地向我分享完搭建成果时，我顺势给你们布置了一个任务。要求你们三个人商量一下，选出一名小朋友，在今天游戏结束时的分享环节，分享给大家……

你们果然讲得条理清楚、有声有色，三个人互相补充，依然配合默契。当小朋友那羡慕的眼光投向你们时，我看到了你们会心的微笑。

在今天的活动中，你们不仅在搭建技能和语言表达能力方面有了提高，而且与人合作的意识、交往的技能和由此而产生的自信可谓是更大的收获。为了更好地支持和满足你们尽享建构所带来的乐趣和成长。接下来，我将从投放材料的数量、品种以及区域空间上再做进一步调整。

园长的话：在我们大家进一步学习了新西兰的"学习故事"专题讲座后，你的观察、记录、分析解读都有了很大提升，也看到了孩子们接下来的发展可能性，懂得考虑继续支持的策略。为你的进步点赞！你们班自投放这套大型木质积木以来，孩子的喜爱程度和发展都显而易见，我希望把你们的经验和困惑在教研会上提出来，大家一起分享讨论解决。

刘彦芝

梧桐叶

周宏彩

观察对象：苏雨轩（4岁）
观察时间：2015年11月16日
观察地点：操场

都说一场秋雨一场寒，而周末的这场秋雨却没能抵挡住孩子们户外活动的热情。孩子们三五成群，有的打球、有的滚轮胎、有的赛跑，有的观察蚯蚓，还有的找到了蜗牛，玩得不亦乐乎！有时我也成为孩子们邀请的对象，加入到游戏中。

当我正在观察蚯蚓时，却传来了"别弄我，离开"的声音，我闻声赶去，却发现你正拿着一片梧桐树叶给姜懿桐"扇风"呢！

看得出来姜懿桐对你的叶子不怎么感兴趣，于是你头顶叶子离开了。但是别人的不理睬仿佛并没有影响到你对树叶的热情，于是你继续寻找着志同道合的朋友……

你几乎问遍了所有小朋友，你向老师诉苦道："老师，他们都不和我玩！"老师的"嗯"，算是对你的回应。而你继续寻找着能够欣赏你叶子的朋友。功夫不负有心人，王诗童抱起手中的球，认真地看着你的叶子，你把叶子翻过来调过去，指着叶子的脉络给她看！

看着你穿梭在湿漉漉的塑胶场地，为的是能有人和你一起分享你的叶子。一片好大的黄色叶子！杨欣怿、李敬元也走向了你！

此时的你好像兴致更高了，你忽然把叶子举到脸上，说："老师，你看我的叶子多大，都能盖住我的脸！"说着还把叶子给文棣，让文棣也来试一试！

不知什么时候，彭浩洋也来了，手里还拿着一片更大的叶子，这下你可来劲了："彭浩洋，咱俩比比看，谁的叶子大，谁的叶子小！"彭浩洋兴致满满地举起叶子，两人不约而同地说："我（你）的大，你（我）的小！嘿嘿……"

拿着叶子的你又出发了……

正是你今天对叶子的异常兴趣，引起了我对你的观察。我不知道你是什么时候对叶子产生兴趣的，但我会关注你对叶子的兴趣会持续多久。我想，接下来，我该安排一次捡树叶、认识树叶的活动了。

园长的话： 孩子就是一个"谜"，为什么其他那么多孩子看到了这片树叶却没有反应？为什么苏雨轩也同样天天看到树叶但没有像此时这么喜爱？天天看见树叶却熟视无睹，今天就突然感觉到了它（树叶），这意味着什么？

我想，一个专业幼儿教师和非专业的人，对待孩子的同样一种行为表现，其反应也是完全不同的。对待苏雨轩的这一行为，周老师能从幼儿发展的角度来用心观察、分析，并准备采取一些支持的策略，这对孩子的成长无疑是最好的陪伴，很期待你和孩子接下来的故事。

刘彦芝

孩子的学习看得见

有趣的独木桥

房师霞

观察对象：王岳彦　朱一鸣　李大卫　徐雨璐
　　　　　帅佳辛　王艺霖　刘远志（4岁—5岁）

观察时间：2015年6月26日

观察地点：幼儿园操场

今天早上晨练的时候，你们搬来了独木桥板子和墩子，小朋友都很积极主动地参与了进来，有搬桥身的，有搬墩子的，配合默契地搭建着，王岳彦好像在思索着更奇特更好玩的独木桥，这时朱一鸣拿过来两个跨栏，边走边说着："快看，我带来了更好玩的东西，我们可以把独木桥上放上这两个障碍物，这样，走起独木桥才更好玩。"想不到还很有创意，我要继续观察下去。

独木桥很快搭完了，你们自觉地排起了长长的队伍，都想走在自己搭建的独木桥上，我发现你们都是当前一个小朋友走完后，另一个小朋友才上，非常有秩序。你们小心地走着，脸上洋溢着幸福的笑容。

在游戏中你们表现出了很强的规则意识，同伴间协商形成的规则，你们也都乐意遵守。

这时，李大卫有了新的想法，李大卫说："要不我们把手打开，脚跟对脚尖，像走蒙氏线那样走！"说着就开始走了，后面的几个小朋友好像在商量着更好的玩法。孩子在游戏活动中会将已有的经验进行迁移，李大卫把平时走蒙氏线保持平衡的方法应用到了走平衡木上。

中班幼儿学习故事案例

这时,王岳彦小朋友又有了新的想法,他决定增加难度,他说:"我再在跨栏前面加一个球,看看谁能跨过去。"难度增加了,他们小心翼翼地跨过障碍,跨过障碍看到他们脸上流露出成功的喜悦。

随着年龄的增长,孩子们对有挑战、刺激性的活动更加有兴趣。

徐雨璐小朋友想到了一个新招:"要不我们刷卡吧,我在前面挡着,只有在我这儿刷一下卡的小朋友才可以通过。"轮到王岳彦小朋友的时候,他说:"哎呀,我只记得妈妈的手机号。"于是他念了遍妈妈的手机号,结果没有通过,他又学着其他小朋友那样,在徐雨璐胳膊上轻轻刷一下,徐雨璐胳膊上扬,示意他顺利通过。模仿是孩子们的天性,刷卡进出是现实生活中经常遇到的现象,徐雨璐把刷卡搬到了游戏中,小朋友们也都很快响应。

这时候,帅佳辛也过来了,他说:"我也来当刷卡的,我在另一边,两个刷卡的门就更牢固了。"孩子们觉得很有意思,玩得不亦乐乎!我观察着他们,发现幼儿的世界真的很有意思,他们在游戏的过程中,可以探索出很多成人所想不到的乐趣,也表现出了很好的合作意识、交往能力。

孩子的学习看得见

这时，王艺霖小朋友提议说："我们可以把独木桥放在地上，我们骑在上面，当一条长长的虫子。"他们这么多小朋友的脚组合起来，确实很像一条长长的长了很多脚的虫子。

这时，刘远志小朋友有个新的提议："要不我们开火车吧！"于是前面的小朋友握起了方向盘当成了小司机，一个急刹车，弄得后面的小朋友前倒后翻的，司机喊着："到北京了，有没有下车的？"随后，后面的孩子开始喊着"我要去动物园""我要去故宫"……

就是一个简单的桥，孩子们玩出这么多花样，玩出这么多欢声笑语。看到孩子们脸上洋溢出幸福的笑容，我也有了新的思考：我一定会为孩子们提供更多游戏的机会，投放更适宜的材料，支持他们在生活和游戏中健康快乐地成长。

园长的话：贯彻《指南》精神，重视生活和游戏的独特教育价值，已成为我园教师的共识。在这个完全由孩子做主的游戏中，你只是一个材料的投放者，活动的观察者、支持者。孩子们拥有了完全的游戏自主权，从动手搭建独木桥开始，到游戏的结束，令人惊奇的创新始终不断：朱一鸣发起的独木桥上障碍跨栏，李大卫发起的脚尖对着脚跟走蒙氏线，王岳彦再在跨栏前面加一个球增加难度，徐雨璐、帅佳辛的门禁"刷卡"，王艺霖的骑在木马上变作长长的"毛毛虫"，刘远志的"开火车"等情景。

游戏中，孩子们身心舒展，情绪高昂，思维活跃，敢于探索、尝试，愿意与同伴沟通、合作。这些终生受用的宝贵品质得以发展，肢体的协调能力、同伴交往能力得以提高……

值得思考的是：如果是教师组织孩子们游戏，那会怎么样？会有这么多创意吗？希望你进行对照反思并和大家分享。

刘彦芝

灵巧的手

梁晓倩

观察对象：徐竟程（4.5 岁）

观察时间：2016 年 4 月 18 日

观察地点：中三班教室

你在家待了一个多星期才回到了幼儿园。上午区域活动时你在教室里转了几圈，我看到了你的犹豫，想去帮助你。就在这时候，你停在了日常区域绣鞋垫的工作前面。这份工作已经添了很长时间了，但男孩子不经常过来。

我看到你把它拿起来放在桌子上，一副研究的表情。然后拿起针线在鞋垫上绣了起来。一开始，我看到你每次都是从上面往下穿线，而且没有按照鞋垫上的空格来绣，没有什么规律。我在远处看着，并没有去制止你。我想看看你能否自己发现不同。

终于，你自己发现了不同。我看到你抬起头望向我，于是，我就走了过去。我拿起你绣的鞋垫，把不一样的地方整理好，然后蹲下来绣给你看。你看了一会儿，若有所思地从我手里接过鞋垫又继续自己绣。

这一次，我没有离开，而是在一旁看着你，当你出现疑惑的时候及时引导你。从你紧锁眉头的样子能看得出来，你还是有些不明白的。我又很慢地示范了一次穿针的顺序，然后我就走开了，远远地看着你。

孩子的学习看得见

你认真专注地绣了大约10分钟，然后吐了一口气，就把工作归位了。

这是你第一次绣鞋垫，虽然时间不长，但是你绣起来专注的样子特别可爱，而且从你绣的过程来看，你的小手越来越灵活了！无论选择还是放弃，自有你的理由，我没有介入。

后来你又来到了美工区。在美工区里你如鱼得水，在画纸上尽情地画着你想表达的画面。你的绘画水平有了很大的提高，画出来的事物比较形象，有时候不用你讲解，我也能说出你画的是什么。当你听到我说出你画的是恐龙时，你高兴地在椅子上跳了起来。我突然发现：被人理解是多么幸福的事情啊！

你很高兴地让我给你的作品拍照，又和我继续谈起你的画……

在上午这短短的一个小时的时间里，虽然我和你的互动没有太多的语言，但是我能感受到你是愉悦和满足的。选择了两份工作，你都特别地投入和专注，在区域活动后的分享环节，你今天表现得也特别大方，很清楚地向大家介绍了你的作品。老师会继续关注你，期待着你更大的进步。

园长的话："绣鞋垫"是一份很复杂的日常工作，它不仅有利于手眼协调能力和精细动作的发展，而且里面还渗透着对称、序列等知识，也有利于养成孩子做事认真、专注等良好品质。徐竟程这个小小男子汉，前一段时间还热衷于三项式、构成三角形盒等几何图形类工作，休息了一周的他，今天选择的是绣鞋垫和自由绘画。从你的故事里，我能感受到你对孩子的那份尊重，以及恰当及时的互动，我想这将成为他产生兴趣和发展能力的动力。

刘彦芝

我叫小美

梁晓倩

观察对象：刘菁涛（4.5 岁）

观察时间：2015 年 12 月

观察地点：幼儿园

直到现在我还清楚地记得你一年前第一天来幼儿园时的模样，小小的人背着个大大的书包。由于橱柜不够用，你需要和别的小朋友共用一个橱柜，所以每次你都为放不下东西而发愁。现在，你依然和别的小朋友共用一个橱柜，可是你却能很好地安置你的物品了。

由于你有在美国生活的经历，我们几个老师有时候会逗你："小美，能不能给我们说说英语啊？"每到这时候，你就会一脸的不高兴。有一天，你带过来一本英文版的《冰雪奇缘》让我给你讲。我有点儿犯愁地说："老师不会讲啊！"你一脸自豪地说："我妈妈会讲！"我只好说："老师只能给小朋友讲中文，可以吗？"你点点头说好吧，然后告诉了我故事中两个主人公的名字。我一边看图，一边用中文讲故事，心里暗暗庆幸自己幸好看过这部电影。你在听故事的时候特别认真，还不时地纠正我的英文发音。

能感觉出来，一开始你是不习惯幼儿园生活的，早上来得比较晚，也不喜欢吃幼儿园的饭菜，不喝豆浆。你告诉我说："这个汤不好喝。"但是，随着时间的增长，你已经习惯了幼儿园的生活，和小朋友之间的关系也融洽了起来。虽然，吃饭时依然让人有些头疼。

过完寒假回来上学的这些日子里，你有了很大的变化。我发现你特别爱美。有一次，你拿来一盒很好看的发饰，让老师给你扎上。中午梳头发的时候，我给你扎了三个。这时，旁边的一个小朋友说："我觉得也不怎么好看呢！"你听见

孩子的学习看得见

了大声地抗议，接着就哭得满脸泪水。你的好朋友王越看见了就过来安慰你："小美最漂亮了！"你听了哭着说："只有王越最好了，说我最漂亮！"

还有一次，我发现你穿了两件裙子，由于外面的那件总是影响你的注意力，所以起床以后我就让你放到了橱柜里。第二天早上妈妈来送你，我和妈妈做了简单的沟通，你听到了我们在谈论裙子的事情，你急着说："我是想穿三层的裙子。"听你这么说我才想起来，你里面的那件连衣裙的确是两层的。后来我对你说："老师不知道你想穿三层的裙子，对不起！"我想，我让她把外面的裙子收起来时，她肯定很难过，觉得老师特别不能理解她。

作为老师，我总是认为孩子的衣服要舒服简洁，这样才能方便他们活动。我们往往在给孩子穿脱衣服的时候，很少倾听他们自己的想法。我的这种做法让我想起了以前听到的一个笑话：有一种冷，叫你妈觉得很冷。

你在工作的时候是一个很专注的孩子。寒假之前你几乎天天都会在美工区涂涂画画，非常专注。寒假过后的这一个星期，我发现你开始对教具架上的工作感兴趣了。你会去取数学教具、科学教具以及感官教具等等。你的成长变化，老师看在眼里，默默地对你说，小美，老师期待你更多精彩的成长故事！

园长的话：从你的故事里，我看到了一个处处对孩子用心并善于观察孩子、走进孩子内心的老师；我还看到了一个懂得反思，在反思中成长的老师。你故事中的小美，甜甜的、美美的，纯真、自然，着实可爱。故事中你说到小美拿来了很多发卡和按照自己的意愿穿了带花边的三层裙子的事，我想那时是否她正在经历审美敏感期。当我们意识到某个小朋友正在经历某种敏感期的时候，我们接纳、尊重、理解、支持也就是最好的陪伴了。对于敏感期，我们还是要多些用心观察，支持孩子顺利度过一个个教育的关键期，那将会对孩子的终生发展奠定最好的发展基础。

刘彦芝

在分享中成长

李玲

观察对象：解凯翔（4.5岁）

观察时间：2015年5月

观察地点：本班教室

今天是我们中二班的玩具分享日，每一个孩子都翘首以待。开始分享后，孩子们都争先恐后炫耀自己的玩具有多么多么好玩，多么多么神奇，都希望得到别人的认可和赞许。整个分享会就像热闹的集市，几乎每一个孩子都能得到分享和被分享的机会，唯独你，孤单地站在那里，反复操作手里的玩具。

你的玩具很简单，就是一片卷起的干枯树叶和一个塑料袋，然后你把干枯树叶穿插在塑料袋口上，用力，让塑料袋围着干枯树叶旋转，一遍遍地重复着。

玩了大约五分钟，你甩了甩手，可能旋转得有点儿累了，这时你蹲下来想休息一会儿。看到脚边有一个玩具，你很高兴，正打算兴致勃勃玩起来的时候，一个小朋友走到你身边，说："这是我的。""绝情"地拿走了你手中的玩具，你什么也没说，默然地站在那里。反正闲着也是闲着，你又开始旋转手中的塑料袋，不时用眼睛余光去看别人。

从你的眼神中，我明白你也很喜欢和别人分享，只是你不知道如何去做，不知道如何向别人表达你的诉求。

我轻轻地走到你身边问："解凯翔，你今天分享什么玩具？怎么玩？"我一问，

孩子的学习看得见

你立刻觉着自己的玩具有人喜欢，显得异常兴奋，滔滔不绝地给我讲起来你的玩具，并且告诉我如何旋转得更快。

"那你能和我分享吗？""当然了，老师，你玩吧！"你爽快地答应了。我不亦乐乎地玩着，旋转着，并且还发明了不一样的玩法，其他的小朋友看到我玩得很开心，要和我分享手中的玩具。"这不是我的玩具，这是解凯翔的，如果你们想分享这份玩具，请你们和解凯翔商量吧！"

我成功地让你和小朋友就分享展开交流，并且让你的玩具吸引了其他小朋友的注意。接下来看你的表现哦！

"解凯翔，你和我分享吧！""不，你和我分享！"好几个孩子都争先恐后的想和你分享。最终你选择了一个小朋友和他分享，也许你的玩具确实有点儿枯燥，一会儿的工夫你又在那里孤独地旋转塑料袋。十分钟后，你依然如故，一不小心，你的树叶掉在地上，当你俯下身去捡树叶时，郑博轩的玩具吸引了你。

你什么也没说就要拿，遭到了他的拒绝。"解凯翔，你如果喜欢他的玩具，你可以问问郑博轩愿意和你分享吗。"

我引导你主动和别人交流，但你就是不说话，紧紧跟在郑博轩身后，不争也不抢。郑博轩不玩的时候你就趁机玩两下，人家玩的时候，你就还给人家，然后紧随郑博轩身后。

这时，我又介入了："郑博轩，你愿意和解凯翔分享玩具吗？""愿意啊！解凯翔，你拿去玩吧！"在征得郑博轩的同意后，你高兴地玩起来。

我顺势问你："解凯翔，郑博轩为什么愿意和你分享呢？""因为你和他说了。""所以有的事情说出来别人才知道你要干什么。"你若有所思地向我点着头。

当你玩完郑博轩的玩具后，又主动和其他小朋友分享，最后还和几个小伙伴玩起了星球大战的游戏。

整整四十分钟的分享，你独自玩了十分钟。在我的引导和帮助下，你和小朋友分享了二十分钟，最后的十分钟才是你的主场，你能主动和别人交流分享，老师为你骄傲！在接下来的多次分享日，你大胆地表达自己意愿，主动和别人交流，你不再是孤孤单单的一个人，你的成长老师都看在眼里！我们继续加油！

园长的话：看了你的观察记录，我想到了教育无痕，润物无声。观察是了解孩子的前提，我们还要试着对孩子的行为进一步解读，继而抓住适当的时机，以恰当的方式介入，没有感觉到被教育的教育才是理想的教育。你通过两次巧妙的介入，打破了这个"尴尬"的孩子的僵局。第一次你以同伴的角色就此开始了解凯翔和小朋友间的分享交流；第二次你通过直接示范，使解凯翔明白了主动沟通交流的重要性。是你给了孩子成长的力量，继续加油！

刘彦芝

孩子的学习看得见

炫酷的警察局

张玉娟

观察对象：马海洋（5岁）

观察时间：2015年4月2日

观察地点：本班教室

"老师老师，快来看看我建的警察局。"马海洋边走向我边说，过来拉着我的手就走。"警察局？什么样的警察局？"我非常好奇。和马海洋一起来到了他选的工作旁边一看，原来，他说的警察局，是他用棕色梯搭建出来的。

"老师，我的警察局酷不酷？"马海洋非常兴奋地问我。"太酷啦，这是马海洋自己建的警察局啊！太厉害啦，能不能给老师介绍一下啊？""好的，没问题！"马海洋毫不犹豫地答应着，我很期待他会怎么介绍。

"老师，你看，最上面的这一层是监狱，因为这一层最高，小偷关在里面跑不掉，监狱下面的是医院。""为什么会有医院啊？"我疑惑地问道。"因为警察捉小偷的时候可能会受伤，而且小偷也会受伤啊，老师你真笨。"（我无语地望望天，被小朋友鄙视啦。）"好吧，还是马海洋聪明，那医院下面的楼层是什么啊？"我接着问他。"下面是警察叔叔的办公室还有停车场，他们有很多的车……"说到车，男孩子的本性暴露啦，听他说到了炫酷的警车，我赶紧岔开了话题："马海洋，大楼旁边单独的那根柱子是什么啊？""这个啊，这个是自动抓小偷装置。""自动抓小偷装置？是什么东西啊？"我疑惑地问道。"就是这根柱子，还有上面横着的这根。小偷如果来了，走到这里，这根竖着的柱子就会倒下，横着的柱子就会压倒小偷，然后警察就会跑出来抓住他们。""会受伤的，柱子压

倒会非常危险。"我对他提出了疑问。"不是有医院吗,上面不是有医院吗,警察会送小偷去医院,小偷就没事了。""原来是这样啊!马海洋,你的警察局太酷啦。"马海洋听到我的称赞,非常开心,接着埋头修复他的自动抓小偷装置去了。

我看着他忙来忙去,非常欣慰,也非常惊讶。马海洋是这个学期才转过来的新生,刚来时对常规没有意识,没有什么纪律性,偶尔让我们很头疼。但是来我园一段时间后,我们发现他在这个师生都彼此尊重的环境里,慢慢有了变化。有时懂得征求老师的意见了,更重要的是,我们发现马海洋是一个非常聪明的孩子,他的逻辑思维非常强。就像刚才给我介绍警察局的时候,思路非常清晰,而且非常有条理性,语言表达能力也强,说得非常清楚。他非常有自己的想法,边搭建边思考,每次都很清楚自己要搭建什么。我之前对马海洋的印象就是坐不住比较调皮好动,可是,经过这件事情,我发现,我们要多寻找孩子的优势,他会给你惊喜的,这些惊喜,需要你慢慢来发掘,需要你用心去发现。你不用心,永远也不知道,就像这个调皮的小朋友,原来可以搭建出这么炫酷的警察局。

园长的话:面对未来,我们要培养什么样的孩子?如何培养?看到你的观察记录让我思考了很多。多少年来,我们好似都在做着补短式的教育,那就是对不足(其实是不同)的方面不断地强化教育,我们泯灭了多少创造性,造就了多少没有自信的孩子,很值得反思。面对今天每个独一无二的孩子,我们何不扬其所长,少做横向比较。去发现每个孩子的优势,接纳并尊重每个孩子的不同,用爱和信任去帮助孩子成为最好的自己。面对教育,我们永远走在不断学习的路上,需要爱和责任来担当。

刘彦芝

第三部分

大班幼儿学习故事案例

孩子的学习看得见

神奇的影子

张振天

观察对象：王梓　李子默　张力文　邵明治　硕硕等（5岁—6岁）

观察时间：2015年6月24日

观察地点：户外操场

上午的户外活动时间，我看到你（王梓）一个人站在跑道上，很长的时间里一动也不动。我轻轻地走到你旁边，发现你非常专注地看着地面，顺着你的目光，我看到了你的影子，原来是影子吸引了你！

大班的孩子对周围的自然现象有强烈的好奇心和探索欲望，《3—6岁儿童学习与发展指南》中在科学领域指出："幼儿科学学习的核心是激发探究兴趣，体验探究过程……成人要善于发现和保护幼儿的好奇心。"所以，我没有打扰你，而是站在你后面，观察你发现了什么。

过了一会儿，我发现你开始对着影子不停地点头、摇头、伸胳膊、踢腿……然后，你很满足地哈哈大笑！这时，你转脸看到了我，你很兴奋地告诉我："老师，你看我的影子，太好玩了！你也试试。"我在你的邀请下，加入了你的玩影子游戏……

我知道你发现了影子会和你做相同的动作，而且你觉得有一个"人"能非常快地模仿你的动作很有趣。我很高兴能分享你的快乐，也非常乐意参与你的游戏。

很快，有许多小朋友加入了我们玩影子的游戏，和影子赛跑，和影子拍球，和影子玩"石头剪刀布"，还有的小朋友一起玩"踩影子"的游戏……大家玩得不亦乐乎！

游戏中,你们动作灵活、协调,肢体控制能力也明显增强;有的小女孩能用手指摆出鸽子的形状,并且进行优美的舞动;有的三五成群表现出很强的合作意识,合作能力明显增强。

忽然李子默跑过来和我说:"老师,我发现了转盘的影子。"另一个孩子观察了一会儿,指着滑梯的下面说:"我发现了围墙的影子!"我想何不趁机引导孩子探索影子的奥秘呢?于是问道:"小朋友们再看看,周围还有哪些地方能找到影子?"孩子们开始了寻找影子的活动。

孩子们争先恐后地向大家展示各自发现的影子,我继续问道:"你们发现了许多物体的影子,再仔细看看,影子是什么样子的?还有什么新发现?"

《指南》中指出"教师应有意识地引导幼儿观察周围的事物,并通过提问等方式引导幼儿进行比较观察和连续观察",教师的指导艺术在于适时把握时机,激发幼儿探索的欲望和热情,为幼儿指明探索的方向。

两三分钟以后,张力文大声喊道:"快过来,我发现我的头不见啦!"许多小朋友很惊奇地跑过来看,他很开心地笑了笑说:"哈哈,被滑梯给遮住啦!"

接着,好几位小朋友也尝试把自己的影子藏起来,有的蹲在滑梯下面,有的走到围墙的下面,有的跑到老师的影子里,还有孩子和影子玩起了"捉迷藏",影子一会儿出现,一会儿消失……每一个孩子都为自己的发现兴奋不已!

皮亚杰曾经说过:"儿童就是科学家。"孩子们通过尝试探索,发现了让影子"消失"的方法。虽然这在我们成人看起来很简单,但对孩子而言,是一次很有意义的成功体验。而其中的"观察、比较、尝试"等都将形成

孩子的学习看得见

孩子终身受益的学习品质。

当户外活动结束，我们排着队准备回教室时，邵明治大声地说："老师，你看我们的影子也排队呢！""我们的影子为什么都是往这个方向呢？"一个小男孩问道。"我知道，我知道，我们的影子是和太阳有关的，太阳在那边照（东边），影子就朝向这边（西边）。"王梓回答道。我问王梓是怎么知道的，他说书上是这样说的。

我说："有什么办法可以知道影子的方向和太阳的关系吗？"于是，我临时决定延长活动时间，让孩子思考、探索影子朝向和太阳的关系。

孩子们开始争先恐后地讨论起来。

一个孩子说："我们站在这里不动，等太阳转到那儿了（南方），看看影子朝向哪儿？"其他孩子讨论了一下，觉得有道理，问我可不可以试试？我同意了孩子们的要求。

站在一个地方不动，等到中午，得两个多小时。我真想告诉孩子这个方法不现实！但是，我想这是孩子们主动发现问题、解决问题的一次尝试，我应该给予他们鼓励与支持，所以，开始等待吧！

和我预想的一样，过了不到五分钟，很多的孩子都不愿意再等待了，有的孩子开始说："什么时候能等到中午啊？好累啊。"于是，我笑着说："有没有其它的办法，我们不站在这里，但能看出来影子的变化呢？"孩子们又讨论了起来，但这次，没有讨论出大家认可的方法。

我意识到这个问题对于大班的孩子来说应该有些难了,于是,我走到一个孩子影子的旁边,用手指把一个孩子影子的轮廓画了一遍。

这个问题的难度超出了孩子的认知水平,但看到孩子不愿放弃的样子,我决定给孩子一些提示。我不知道孩子能否明白我用手指画影子轮廓的意图,如果能理解,这个探索活动今天我们就继续下去,如果孩子不能理解,就把这个问题留给孩子,让孩子以后慢慢探索。

孩子们根据我的动作开始了新一轮的讨论,一会儿孩子们统一了意见:"我们(把影子)先画下来,等到中午的时候,再来看看,影子变了没有。"然后,我们找来粉笔,开始在一块宽敞的水泥地上画起了影子……

但是,问题又出现了,孩子画自己影子的时候,发现只要自己动了,影子也是动的,自己根本画不出自己的影子。于是,孩子们商量,两个人一组,互相帮助画影子。孩子们互相合作,终于画好了自己的影子!

大班的孩子非常善于合作,孩子们在发现画自己影子存在困难后,很快找出方法,彼此合作,在很短的时间内解决了问题,让我很吃惊。

午饭后,我们又来到操场上,孩子们非常兴奋地跑过去看影子,硕硕很吃惊地说:"哎呀,我的影子怎么变啦,和早上的不一样了!""我的影子也变了。"邵明治也好奇地说道。我问道:"观察一下,中午的影子和早上的影子有什么不一样的地方?""早上的影子朝这面(西),中午的影子朝这面(北)。"硕硕说。"我发现早上的影子比中午的影子更大、更长。"邵明治观察得也非常仔细。

下午的影子又会是什么样的呢?孩子们又争先恐后地画了起来,影子的探索活动还会一直持续下去……

通过一段时间的观察、记录与交流,孩子们发现了影子不是一成不变的,它

孩子的学习看得见

在一天中的不同时段都会有变化，早晨、下午时段影子最长，中午时段影子最短。

教师要顺应孩子的想法和意愿，鼓励孩子发现问题、思考问题、解决问题。教师在这些问题中提取有价值的信息，引导孩子们在观察与实验活动中去发现，在发现中质疑，又通过实践得以验证。"授之以鱼，不如授之以渔"，这种求真务实的学习态度会为幼儿的终生学习奠定良好的基础。

园长的话：从教师教育的角度分析：幼儿被某种事物或现象所吸引而兴奋的时候，思维便异常活跃，探索欲望特别强烈，头脑里的问号特别多，语言表达也生动，这时最容易接受成人对他们的教育引导。如果教师头脑里建立起随机教育的观念，善于抓住这些偶然事件，因势利导开展随机教育，那么就会产生意想不到的教育效果。像你和孩子们进行的这次影子的探索，就绝非单纯课堂上费尽周折地讲解、做实验所能媲美的。

从幼儿学习发展的角度分析：在这次偶发的探索影子的游戏活动中，从一个幼儿发现影子、关注影子到群体的参与，伴着兴趣，通过自由活动、自主探究，带着问题在体验中去思考、发现、合作、交流、探索、尝试、想象、认知……发现了影子和光之间的秘密，体验到了求知探索的乐趣，提高了思考与解决问题的能力，形成了孜孜不倦的科学探索精神等等这些终身受用的可贵品质。

你和孩子之间的这次学习之旅，理念和做法很值得大家学习推广，下周教研时请与大家分享，同时期待你和孩子们发生更精彩的学习活动。

刘彦芝

《黄气球》的魅力

朱萍

观察对象：辛宗轩 张家煜 孙睿茜 郑湫琳（5岁—6岁）

观察时间：2015年10月23日

观察地点：本班教室

往常安静的阅读区，传来了兴奋的声音："在这里，在这！"我听到声音后也好奇地凑上去，原来是几位小朋友在看一本新绘本《黄气球》。受他们的感染，我也好奇地去寻找书中的黄气球，一探究竟，但我没找到黄气球在哪儿藏着时，他们已翻到下一页。

我有些不甘心地跟着看了起来，心中暗暗佩服他们的观察力。我还没看到那么小的气球在哪儿时，他们早已经找到了，我有些不甘心，但他们又翻了下一页。

没等我反应过来，他们又找到了。孩子们饶有兴趣地在一页页地翻看着，显然这个藏来藏去的小小黄气球在吸引着他们。

孩子的学习看得见

气球越来越小,但孩子们发现黄气球的速度和兴趣却越来越浓。他们因为黄气球时不时地一下交流,他们看完一遍又一遍,四个小朋友如此反复看了半个多小时。我发现他们离开后,又有小朋友来看这本书……我很好奇孩子们,更好奇这本书。

等孩子们午休后,我终于可以看看孩子们喜欢的这本书,反复地看了几遍。翻开书我也是像他们一样去找黄气球,可速度远没有他们那么快,细细品味这本书,渐渐发现了书中蕴含了许多细节内涵……

这本吸引孩子们的无字书,我单纯地以为只是为了让孩子们去寻找气球,发展观察力以及越来越小等规律。直到认真看了几遍后才发现它的每一页都有无数的信息在里面:从陆地到海洋、高山到平原、白天到黑夜、生老病死、喜怒哀乐等等都蕴含其中。让我惭愧的是,孩子吸引了我,我才发现了这本书的奥妙,今天在他们阅读的时候没能及时地深入引导,这也是我接下来要做的事情。

园长的话:看了你的这篇教育笔记,其实我很受感动。被你观察孩子的兴趣感动,被你追随孩子的学习(这种行为)感动,被你及时地反思感动。《3—6岁儿童学习与发展指南》提出所有教育行为的前提是了解幼儿,尊重幼儿的主体性、兴趣,尊重幼儿的学习特点,没有了解,基于孩子的兴趣而着急施教,这样势必会适得其反。在不断学习反思中成长,接下来期待你和孩子们更精彩的故事。

刘彦芝

白纸上的五子棋

张振天

观察对象：硕硕　佳辛（5岁）

观察时间：2015 年 12 月 23 日

观察地点：本班益智区

下午离园时间，我看到硕硕在画一条条的直线。我很好奇地走过去问道："硕硕，你画这么多条直线干什么呢？""嘿嘿，张老师，不告诉你，一会儿你就知道了！"硕硕神秘地说道。"你猜你猜。"佳辛也乐呵呵地笑着。

大班孩子的绘画，一般脑海中会有一个初步的构图，或者是有比较明确的主题，今天看到硕硕画了很多规整的直线，我很好奇，所以我拭目以待。

硕硕画完了横着的直线，开始在横线上画竖线，直线和横线的交叉出现了很多的小方格，硕硕画的时候是那么专注，好像非常担心画歪了，而佳辛在旁边时不时地帮着指点一下。

交错出现了很多的小方格，这不像是一幅画，而且如果是绘画的话，佳辛也不会一直在旁边等待着。我期待俩人带来的惊喜。

横线和竖线终于画完了，硕硕长舒了一口气。"张老师，我们要开始啦！你好好看啊！"硕硕很得意地对我说。"剪刀石头布，剪刀石头布……"俩人开始

孩子的学习看得见

了猜拳。

佳辛获胜了,说完,佳辛拿一只红色的笔在中间的横线上画了一个圆圈,然后硕硕用绿色的笔挨着佳辛的圆点画了一个圆圈。原来,他们要玩五子棋,只不过游戏的方式不同——棋盘是用笔画的,棋子也是用笔画的。慢慢地,白纸上画了越来越多的圆点。终于,佳辛的红圆圈连成了五个,获胜了。"我们再来,三局两胜,这次你来画棋盘。"硕硕不服气地说道。

棋类游戏是上午区域活动时间的自选活动。下午离园时,由于时间短,规定不可以选择这份活动。我没有想到孩子对五子棋这么感兴趣,更没有想到孩子会用这样的形式来玩五子棋,而且玩得这么有创意。我不禁感叹,孩子的发展真是无处不在,这何尝不是一份意外惊喜呢!

园长的话:正可谓"不教的教育",你的不介入,恰巧给了孩子时间、空间,更给了孩子可以发挥想象创造的机会。你对他们的欣赏和期待,给他们注入了无尽的内在力量。有了支持、宽松的氛围,孩子的学习无处不在。

刘彦芝

凑数赢糖果

朱萍

观察对象： 武天昊　苏致远　（5.5岁）

观察时间： 2016年4月

观察地点： 本班教室

这周我们添加了"凑'5'赢糖果"的工作，武天昊和苏致远他们两人一组。首先我讲了游戏的玩法及规则，游戏开始后我站在旁边作为一个旁观者去观察。

通过石头剪刀布确定了武天昊先掷骰子，武天昊掷出的是3，他拿了3颗绿色的糖果放到绿色的盘子里。接着苏致远掷出了2，他拿了2颗蓝色的糖果放到了蓝色的托盘里（如果他选择绿色糖果就能凑够5就赢了）。接下来武天昊掷出的是4，他先拿了两颗绿色的又拿了两颗蓝色的分别放到了两个盘子里。这样他凑够5颗绿色糖果，拿到自己的盘子里（赢了5颗）。

武天昊和苏致远两位小朋友数学发展得都很好，他们都完成了按数取量，理解并遵守游戏规则。

苏致远有些茫然地看了看他，继续掷骰子，这次是1，他拿了橘色的1放到橘色盘子里（此时他如果选择拿蓝色的1颗，即可赢得5颗蓝色糖果），又轮到武天昊，凭借他分解和凑数的能力又赢得了5颗糖果，就这样持续着，武天昊赢的越来越多，苏致远依然没有赢一次（我在判断苏致远是不懂游戏规则还是不会几和几凑起来是5）。这时武天昊似乎觉得都是自己赢没意思了，只听他对苏致远说：

孩子的学习看得见

"你可以先看看这几个盘子里的糖果再决定拿什么颜色的。你看这个橘色的有4颗你就可以先拿1颗橘色的放到橘色的盘子里,再拿其他颜色的,这5颗橘色的不就是你的了吗!"武天昊表达得如此清楚,苏致远有些恍然大悟,明白了其中的道理。接下来,我发现他会根据掷出的数字,先分解成他需要的数量,完成凑5,很开心地拿走他赢的糖果。

看来苏致远是没有完全理解游戏规则,而非5以内数的分解组合能力问题。我想:如果武天昊没有告诉他,他会不会自己发现?这样的话意义又将不同,但惊叹武天昊有如此高的逻辑思维和语言表达能力,老师为你们高兴。

游戏继续进行,新的问题出现了。他们有时会为了凑足盘子里的数字故意把想掷的数字放在上面轻轻地一扔,就能得到想要的数字,糖果也就轻易赢得。问题出现了,争执也就有了,俩人来到我面前寻求帮助,在我的介入下,讨论出了新的规则,并规定谁违反了规则就取消一次玩的资格,他们都很乐意去遵守,游戏又进行了下去。

慢慢地他们周围吸引了不少"看客",有的想参加,但游戏只能两个人玩,他们只好在周围边观看、边耐心地等待着。

今天,他们出现问题解决不了时能够寻求老师的帮助,并乐意达成规则且愿意遵守。

同样其他的小朋友在被拒绝后能够很坦然地去接受，愿意耐心等待，我很欣慰。

园长的话：凑数赢糖果是一个很有价值很好玩的数学游戏，在市教育局杜长娥主任的指导下，我们在中大班推广了此游戏，也因此使孩子们受益良多。幼儿阶段数学知识的获得绝不是靠教师传授、孩子记忆学习的，而是要通过大量的实际数与量的操作，来慢慢建构理解。此游戏将数量的分解、组合，很巧妙地融入游戏中，通过规则给游戏赋予了更多价值。它的好玩好比成人之间玩的扑克牌、打麻将，由于结果的不确定性，而持续吸引着孩子乐此不疲地参与其中。你做得很好，此游戏不是用来评价谁赢得多谁赢得少，而是在于通过游戏，孩子数学能力的提升，从而促进孩子在原有的水平上不断得到自我发展。

刘彦芝

孩子的学习看得见

在被拒绝中成长

李玲

观察对象：王冠涵（5岁）
观察时间：2015年12月16日
观察地点：本班活动室

每周三的玩具分享都是孩子们的最爱，今天也不例外。你拿来了最爱的玩具——风火轮，这个玩具同时也深受其他孩子的喜爱。你很大气地和其他孩子们分享，并且把最爱的一部车让给别人，自己默默地走开。这时刘子煜的迷你版的风火轮吸引了你。"刘子煜，我能玩你的玩具吗？"你高兴地询问着，但没有想到的是刘子煜拒绝了你，你顿时感觉很尴尬，不知道刘子煜说了什么，你半开玩笑地要去打他。

刘子煜的拒绝没有打消你想玩的激情，在旁边观察了一会儿，然后你诱惑地对他说："刘子煜，我有一个大的风火轮，赛车可多了，可好玩了，你可以去玩，那我可以玩你的玩具吗？"没想到的是刘子煜还是不同意，你还是遭到拒绝。你无趣地坐在那里，看着其他孩子在玩，显然很不开心，但你又丝毫没有离开的意思。

我已观察了你10分钟，我想，是我该介入的时候了。我来到你们旁边，对刘子煜说："你们玩什么呢？这么好玩，我可以玩玩吗？"你抬起头看着我，但刘子煜头也没抬说："现在不行，我还没玩够呢。"和我想的一样，同样遭到了拒绝。我看了看你，又看着刘子煜，平静地说："那好吧，玩具是你的，你有权利做决定，我接受，我可以先去玩别的玩具。"说完，我向你伸出手说："走，咱们去看看其他的玩具。"你有些不舍，但似乎又明白了什么，接下来你去寻找其他的玩具，并开始玩了起来。

我很满意，今天，我适当时机地介入和有意地示范，至少帮到了王冠涵。因为，对王冠涵来说，今天遭到拒绝可能比玩到玩具带来的成长还要大。而刘子煜的成长点在哪呢？期待和孩子们一起努力……

园长的话："如何坦然面对别人的拒绝"是根据大家提出的孩子们经常出现的交往问题，特别是达不到自己满意时，发生争执和哭闹的现象，如何解决而提出的。讨论时，大家统一思想：那就是用语言教导是无法教会孩子"应懂得坦然面对别人的拒绝"这样的人生问题的，而是通过主题课或在生活中以身示范，以行为直观呈现，潜移默化地影响孩子。案例中，你很好地呈现了这一幕，这就是我们所倡导的教育。孩子的问题是我们的教育契机，关注孩子在经历中的成长应是我们的所为。

刘彦芝

孩子的学习看得见

分享的意义

李玲

观察对象：刘怡琳　杨潇博　王欣蕊　韩鹏臻　苏原　叶乘硕　刘明泽　曲义（5岁—6岁）

观察时间：2016年1月

观察地点：大二班休息室

每次的分享都会给我们带来意想不到的惊喜，当然今天也不例外。看到孩子们玩得"热火朝天"，我不禁采访了几位小朋友。

"刘怡琳，你喜欢分享吗？"

"喜欢啊。"她低头一边认真地玩着手中的玩具，一边告诉我。

"你为什么喜欢分享？"

"分享的时候我很快乐，看到别人喜欢我的玩具很开心，并且我也可以玩到很多的玩具。"她灿烂的笑容让我也感觉分享很幸福。

听到我和刘怡琳的对话，杨潇博有点"吃醋"地"质问"我："李老师，你怎么不问我喜欢不喜欢分享呢？"

"好吧，那你来说说吧。"

"以前，我不喜欢分享，带来玩具怕小朋友弄坏了。但其他小朋友都乐意和我分享，我觉得自己不应该这样，我就越来越喜欢分享，并且每次都很快乐。"

随后我又采访了王欣蕊，她的回答让我同样感觉到了孩子的那份单纯和可爱。

"欣蕊，你喜欢分享吗？"

"喜欢啊。"她毫不犹豫地答道。

"那你为什么喜欢分享呢？分享给你带来什么？"

"分享带来好玩的玩具，还有分享可以和小朋友快乐地在一起。"

随机采访完三个小女生，我又产生了采访男生的兴趣。就让我们看看小男生是怎么说的。

只见有四个男孩正在玩变形金刚，嘴里还嘀咕着咒语，隐隐约约地听见召唤神龙。我被他们的咒语吸引过去，主动加入他们的神龙一族，正在兴头时，我突然问："帅哥们，你们喜欢分享吗？你们感觉分享带给你们什么？"出乎意料地一致，说："分享带给我们快乐。""那你们具体说说，和我分享一下你们的快乐。"我好奇地追问。

韩鹏瑧说："分享很快乐，我可以玩到很多玩具，并且每一次分享我都感觉很开心，小朋友们都很喜欢和我分享。这才是我最开心的事。"他腼腆地说着。

苏原超级兴奋，手舞足蹈地开始比画，侃侃而谈自己对分享的感受，说："第一，分享我真的很快乐，可以玩到更多的玩具；第二，分享让我们小朋友更友好；第三，分享让我觉着幸福。老师，我都不想离开幼儿园。"苏原说到最后声音由起初的兴奋变成低沉，说得我也有些伤感，感慨他们快毕业了，就要离开幼儿园了。

叶乘硕依然沉浸在自己变形金刚的世界中，不动声色地摆动着手中的玩具，"叶乘硕，你感觉分享带给你什么？""分享，我感觉带给我快乐。"他若有所思地回答道。"除了快乐，还有什么？"他支支吾吾地竟然说出了"感恩"这个词语，我着实震惊了好几下，是他们丰富的感情世界感动着我。

"刘明泽，你也说说分享的感受吧！""老师，我感觉分享除了带给我快乐，还带给我一种我不知道怎么说的感觉。"他很疑惑地看着我。"那是一种什么感觉，

孩子的学习看得见

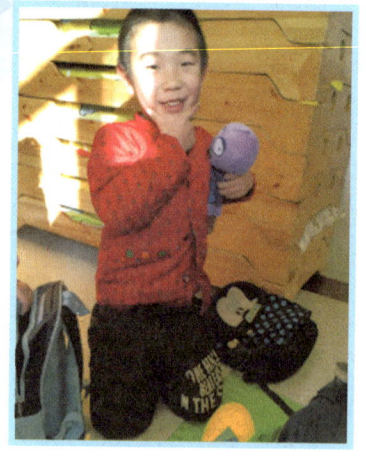

你能具体地说一说吗？我给你分析一下。""老师，我也说不清楚，但那种感觉让我很舒服，很开心。"

听到我们的对话，曲义告诉我，他有时不喜欢分享。

"那你能告诉我你为什么不喜欢分享吗？"我好奇地问。

"因为有时我找不到自己喜欢的玩具。"

"那你是喜欢多一点儿还是不喜欢多一点儿？"

"喜欢啊。老师，其实我还是喜欢分享的。"他若有所思地说。

我们确定每周进行一次分享活动，最初是源于一节主题活动《一粒小米》，但现在孩子们在分享中，收获的远远大于我们的想象。

起初刚分享的时候，孩子们都是带着顾虑，一方面害怕别人弄坏自己的玩具，另一方面感觉自己的东西不应该和别人共享，缺乏分享的意识。第一次分享那叫一个尴尬，每一个孩子都是自己玩自己的，通过我们的引导，只有个别孩子尝试着和别人分享。看到孩子们这样，我们尽量创造机会让孩子们之间多合作、多分享，并且在蒙氏活动中引入"我来分享快乐的事"的活动等。通过这些活动，孩子们都能尝试分享，但分享时眼睛还是离不开自己的玩具。

升入中班以后，孩子们突然间一下子长大了，分享的时候开始变得"随心所欲"了。似乎每一个玩具都变成大家的了，每一个孩子不需要经过任何人的同意就可以玩了，有的孩子玩了一下午的玩具都不知道自己玩的是谁的。中班一年的分享，孩子们感受到分享的快乐。

升入大班后，这种快乐更是渗入内心，就像一个孩子告诉我，老师，我一想到明天要分享，我就高兴得要死。听到孩子们这么说，我感觉孩子们是真正体会到了分享的快乐。今天采访了这八位小朋友，我更是感觉孩子们在分享中学到的东西不是我们成人所能体会到的，分享带给每一个孩子的成长让我感动。

园长的话：孩子们如何对待"分享"，是我们了解孩子自我成长发展的一个方面。它和环境教育有关，但又不能单靠教育来完成。我们知道，三岁前的孩子，正是自我意识建构的关键期，此时的孩子会以"我的"来区分我和你是不同的，我是独立不可侵犯的。这时如果我们不懂，却要从品德角度教育孩子学习分享，就会破坏孩子内在的自我成长，甚至助长孩子产生占有欲。而当孩子完成了自我意识建构的阶段性心理过程，在良好的环境下，孩子的分享会自然发展。就像你们班开展的分享日活动，其做法就很好，不干预、不诱导，只是提供环境和时间，孩子们在交往、交流中完成了很重要的成长。

刘彦芝

孩子的学习看得见

建构区活动与合作培养

李玲

观察对象：雷济泽 王冠涵 张永昊 郑博轩（5岁—6岁）

观察时间：2015年10月

观察地点：本班建构区

每次区域活动时，建构区都是热门，当然今天也不例外，你们四个首先来到了建构区。你们各自无目的地搭建引起我的注意，心想假若我提出一个目标，将会引发怎样的合作呢。"今天，老师给你们一个任务，共同搭建一座城堡。"我指着墙上的城堡照片说。"行啊。"你们四个自信地接受了我的任务。

你们先搭建城堡的中心，由于选择的圆柱体积木太细了，搭到一半的时候，搭高的柱子就塌了。看到成果尽毁，你们开始争执起来。这时雷济泽干脆自己搭自己的，但同样失败了。你们只是关切地说了句："没关系，可以重新搭。"继续观察，王冠涵似乎发现了什么，开始认真地研究墙上的步骤图，你们都跟随了过来，相互交流。先是换成了粗的圆柱体积木，又拿来了正方体、长方体半圆形等不同的积木块。经过一轮轮的尝试，最终选择了粗的圆柱体当中心柱。没有了刚才的"各自为政"，而是有的拿材料，有的负责搭建……我虽然应小朋友要求去了其他区域，但我不时远远地看着你们，只见你们先搭好了中心柱，再开始搭建塔周，直到合作完成了老师布置的"任务"。

看到你们开心的样子，我来到你们旁边："怎么这么开心，说出来和我分享下。"这时你们开心地说："老师，你看，我们共同搭建的。""那你们怎么完成的？""我们'合作'啊。"听到你们的回答，我欣慰地笑了。

不知是谁开心过头，不小心把你们的成果弄塌了，这一次你们没有争执，开开心心地说:"老师,没关系,我们再一起搭一个更大更结实的城堡。"

说完,你们又开始了新的搭建……

处于幼儿期的孩子"自我中心"意识占主导地位,因此在游戏中往往各自为政、互不相干。虽然在中班我们有意识地培养孩子的合作能力,但效果甚微。到大班以后,我们注意抓住日常生活和游戏中的一些契机自然地进行了引导。今天,我巧妙地通过布置一个共同的任务,促进了你们交流合作意识的发展,接下来如何更好地促进你们持续成长,是我需要不断思考和实践的。

园长的话:合作是幼儿未来发展、适应社会、立足社会不可或缺的重要素质。大班幼儿随着年龄的增长,身心不断发展,此时正是培养他们交往能力与合作能力的关键时期。作为幼儿园开展的区域活动,不仅为孩子提供了自主学习游戏的活动环境,增加了幼儿与幼儿间相互交往的机会,并能通过教师有目标的指向、引导,孩子自主地与同伴协商、讨论等,来解决一些矛盾。这样,就使孩子在知识能力提高的同时,发展了与人交往、沟通、合作的能力。我欣喜地看到,在这方面,你们有了不断地思考和实践,能够透过点点滴滴的事件,促进孩子的多方面发展。

刘彦芝

数的魅力

王军艳

观察对象：范呈祥（5岁）
观察地点：大一班教室
观察时间：2015年12月

早上区域活动时，你归位完地垫来到休息室，站在我们的描红墙前看。你看到有一个描红本夹子的翅膀一个在上面，一个在下面，你走过去把下面的给掰了上来。孩子的行为都带有目的性，于是我继续观察，看一看你能给我带来什么样的惊喜。

你走到墙的一头，指着第一本描红本说："1。"接着又来到第二本面前说："2。"就这样一直数到10的时候你停了下来说："咦，第10个夹子也没有夹好。"你伸手把夹子的翅膀给掰了上去。接着你边指着描红本边数："11、12、13、14、15。"这时你看到一个挂钩上只挂了一个夹子，没有本子，夹子的两个翅膀并在一起，你往前一步拿下来，把夹子的两个翅膀掰下来说："这样就好了。"说完把它给挂在了挂钩上。我想，这应该就是正在经历"完美敏感期和数学敏感期"的表现吧。你引起了我极大的观察兴趣，我决定抓住这一机会，继续观察你接下来的表现。

"我数到多少了？唉，看来得重新数一遍了。"说完你又走到刚才的起点，重新开始数："1、2、3……15、16、17……33。"第一排你完成了，又来到了第二排，接着数："34、35、36、37、38、39，接下来是多少咪？"你抬头看了看我，我没有说话。你突然说："哦，我知道了，是40、40、41、42……48。嗯，这里有48本书。"

处于数学敏感期的你，对于关注到的东西很容易就和数联系在一起，按顺序正数对于你来说很简单，但从没见过你倒着数数，为了提升你数数的能力，激发你的兴趣，于是我介入了……

我说："范呈祥，我们一起比赛倒着数回去吧，我在心里数，你出声地数，看谁更厉害，怎么样？"你顿时来了兴趣："好呀。"你开始边指着边数："48、47、46、45、44、43、42、41、40。"数到这你抬头看了看我，我说："39。"你又接着："39、38、37……30。"你又抬头看了看我，这回我装作没看见，继续数我的，就听见你在那儿说："40之后是39，那30之后应该是29吧。"我笑着对你点了点头，竖了个大拇指，你接着数："29、28、27……20、19、18……1。"数完之后你说："老师，我数对了吧？"我说："是的，你全对了。"你接着问："那我们两个谁厉害啊？"我说："当然是你厉害了。"你说："是的，我更厉害。老师你先离开，我还要再倒着数一遍。"于是，你继续着你的数数……

对处于数学敏感期的你，接下来我会继续关注，和徐老师、张老师一起陪伴你和同样进入数学敏感期的小朋友一起成长，多投放一些关于数学类的操作材料，当然更多的是多一些人文关怀和支持。

园长的话：我想一个专业老师应该就是这样的。王老师表现出了对孩子的极大观察兴趣，乐意走进孩子内心，能够以专业的视角来分析判断孩子的发展（处于数学敏感期和完美敏感期）。从幼儿发展的角度，给予适时恰当的互动，继而推动孩子顺势发展，取得事半功倍的效果。

通过蒙台梭利的理论我们知道：经历敏感期的小孩，内在有一股特别强烈的驱动力量，好比身体正受到一种神圣命令的指挥，其小小心灵也受到鼓舞。一段时期内会对环境中的某个层面有强烈的兴趣或只对一种特定的知识或技能感兴趣，这期间的孩子会出现大量的、有意识性的活动，不厌其烦地重复，直到突然爆发出来某种新的动机为止。敏感期不仅是幼儿学习的关键期，也影响其心灵、人格的发展。因此，成人应尊重自然赋予儿童的特性，并提供必要的帮助，以免错失一生仅有一次的特别机会。顺利经过敏感期的孩子，某方面的潜能很轻松地得到了发展。这将使他终身受益。

刘彦芝

孩子的学习看得见

图形争五

张玉娟

观察对象： 廉梓霖 邹汶峰 云熙越 马彬赫（5岁—6岁）

观察时间： 2016年1月25日

观察地点： 本班教室

图形争五数学游戏区，最近在我们班可是十分抢手，但是我发现能玩得很好的，只有五六个孩子。所以，经常玩这份游戏的总是固定的那几个。今天选择工作的时候，我突然发现多了三个新人，只有廉梓霖一个资深玩家在那里。

我悄悄地走过去，坐在他们旁边观察着。通过他们的谈话，我大概知道了，是这三个小朋友想玩，所以邀请了廉梓霖带着他们一起玩。我很感兴趣，所以就坐在旁边看他们玩了一局。

发牌这事，毋庸置疑地交给了资深玩家廉梓霖，廉梓霖发牌时，每个小朋友一次发24张。比起刚开始的时候，一张一张地发，效率快多了，也更加熟练了。发牌期间，三个新人玩家邹汶峰、云熙越、马彬赫都安安静静地等待着廉梓霖发给自己。看到这一幕，我就想起了那些资深玩家们，他们发牌，那是一个吵闹。

马彬赫的牌发完了，他等到廉梓霖数到24的时候，兴奋地连忙拿起自己的牌，小心地排整齐。可是他自己总是整理不好，把邹汶峰急得，连忙上手，拿过来帮他整理好后，才还给他。

看那期待的小眼神，怎么还不到我。下一个轮到的是唯一的小女生云熙越，她淡定地看着廉梓霖给她

发牌。发到14张牌的时候,廉梓霖被小朋友打扰,忘记数到第几张了,只好重新数,云熙越也没有催他,依然安静地等待着。

比起前两个小朋友,最后一个小朋友邹汶峰就有些着急了,廉梓霖放下一张,他就会拿起来一张,立马放到自己的手中。我感觉,他应该是个相当没有安全感的孩子。

开始啦!剪刀石头布、剪刀石头布,哈,邹汶峰赢了,先出牌。你一张我一张,你一张我一张,哈哈,资深玩家就是厉害,第一次的凑五,廉梓霖发现了。

云熙越第一次玩,一脸兴奋的表情,其他两位小朋友感到遗憾,但立马又恢复信心,争取下一次。

紧接着,邹汶峰反应迅速地拍到了草莓牌的凑五,非常棒。

接下来,有个凑五,小朋友都没有发现,资深玩家也发现得有点儿晚了,云熙越已经放下牌,廉梓霖又拍,这可怎么办呢?拍错了怎么办呢?

当三个新人都在迷茫等待的时候,廉梓霖小朋友主动地承认他拍错了,要罚牌,主动给他们三个小朋友一人一张牌,还给他们解释这种情况的解决方法,小老师当得非常到位。

罚完牌,继续放牌,哇,又是邹汶峰先拍的,小小的邹汶峰,已经拍了两次了,其他两位小朋友要加油了。

继续出牌,云熙越小朋友因为不熟悉规则,还没有到她出牌的时候,把牌出了,小朋友们提醒她:"你要把这张牌收回去,放到最后。"憨厚的小姑娘笑呵呵的,

孩子的学习看得见

嘴里一边答应着，一边把牌放到最后面。

小姑娘拍错啦，想起了小老师的话，立马主动罚牌，很懊恼，但是也痛快地罚牌了。很喜欢小姑娘的性格，心情调整得特别快，有开心的事了，立马就咧嘴大笑。

马彬赫小朋友一直都是小心翼翼地，放牌也是小心翼翼地，也不敢拍，就在那里笑着。

每次都是把手放在那里，然后再拿回来，有些不自信的样子。

接下来呢，拍到的基本上都是邹汶峰，没想到，小小的邹汶峰这么厉害，把小老师都赢了。随着云熙越小朋友把最后一张牌放下，这一局图形争五也结束了。很显然，邹汶峰小朋友赢了，他很开心。其他的三位小朋友也都替他开心，特别是小老师廉梓霖，专门替他整理好所有的牌，第二轮让邹汶峰发牌。

看到他们四个玩得不亦乐乎，我也非常欣慰。资深玩家已经成了非常合格的小老师了，而新玩家们，也都进步非常大。进入大班以来，我发现小朋友们（尤其男孩）对数学类知识、规则游戏，对有挑战性的工作特别感兴趣。接下来，我会再准备几份图形争五、争六、争七的工作，满足他们不断发展的需要。

园长的话：了解孩子是实施教育行为的前提。我们说六岁前的孩子如果没有成人过多的人为打扰，都会是一个如饥似渴的有能力有自信的天然学习者。成人的责任更多的是提供适宜的学习环境（材料），诱发孩子主动参与，而非言听计从成人的教导。正是由于你只是充满爱地观察他们，所以有了他们今天不同角色下的各自成长，我想今天他们的成长不是一个老师能教会的。正是由于你的用心观察、分析解读，才会有你们班接下来更多图形争五、争七以及更多有创意，孩子们喜欢又有利于他们有效发展的材料。

刘彦芝

蜗牛壳的故事

朱萍

观察对象：孔伟智（5 岁）

观察时间：2015 年 9 月 11 日

观察地点：本班教室

早上在接小朋友入园时，作为"晨检员"的你（孔伟智）高兴地跑过来说："老师你看蜗牛壳。"说着伸出手让我看。

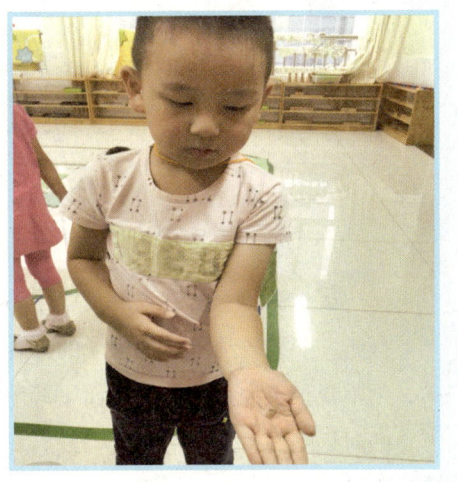

你小心翼翼地拿着蜗牛壳给我看，也吸引了其他小朋友的注意。"这是我在外面捡到的，你先帮我保管好，我还得去接小朋友呢。"你走到我面前说。我把蜗牛壳接过来，小心翼翼地给你放到了一个小盒子里。看到放好后，你才放心地去迎接入园的小朋友，你每隔一小会儿就回来看一眼。

一上午你都没再提这件事情，本以为这件事就这样过去了。中午起床后传来了你的声音："老师，你说蜗牛去哪儿了？怎么只剩下壳了呢？"你拿着壳认真地看着，不解地问。"是呀。它会去哪里呢？身体离开自己的壳可怎么活呀！"我说完，孔伟智"啊"的一声说："怎么会这样，不会死了吧？"

我举起蜗牛壳看了看，你也拿过去看了看，突然你拉了拉我说："老师，看这块黑的地方是什么？不会是蜗牛吧。它怎么变成这样了呢？"我知道我的目的达到了。

你能通过老师的语言知道蜗牛不会离开自己生存的房子，通过观察和分析，自己找到了答案，并对此产生了兴趣。

我说："老师也不是很清楚，老师愿意和你一起找答案。"下午正好是我备课的时间，我上网查阅了关于蜗牛的一些资料，还和你一起查阅了图片，原来蜗

孩子的学习看得见

牛的生存是需要温度（25℃—28℃）和一定湿度的，如果环境不适合，就会进入休眠状态，这样减少了水分的损失，很好地保护了自己，当环境合适自然就出来了。

"原来是这样呀，吓我一跳，蜗牛现在是不是就是休眠了？"我说："是的。""那今天的温度应该不到25度，不然他不会休眠的。"我说："你说得很对。""那明天的温度会是多少呢？"你继续问着。老师也不明白的问题，老师愿意和你们一起学习。

园长的话：看到你的这篇学习故事，我在想：如果教师心中不能装着孩子，如果教师不关注孩子的兴趣，抑或对孩子的兴趣漠不关心，如果教师不视孩子为独立的个体而平等地尊重他……就没有了孔伟智今天这难得的对蜗牛的探究学习机会，及因此而引发的对动物的探究和学习兴趣，这将是多么不同。

刘彦芝

享受学习

朱萍

观察对象：李寅（5.5岁）

观察时间：2015年8月30日

观察地点：本班教室

蒙氏操作时，我们三个人会轮流做观察记录。今天在观察记录时，你（李寅小朋友）引起了我的注意，这一段时间你开始对数学类操作材料感兴趣，今天你选的是大位数金色串珠数与量的配对。操作完一组后，你迫不及待地想和我分享："老师你看，这个不光能组成1999，还能组成1188。"显然你对自己的发现很满足很开心。

"老师你看。"接着你又把数字卡片合起来，边合边读，非常认真和小心。

在接下来的时间里，你不断尝试各个数量的组合，反复操作，每组成一组数后，就心满意足地看一会儿，沉浸在发现的喜悦和满足中。

整个上午你没有换其他材料，一直到区域活动结束，你还是意犹未尽。听到结束音乐，你收起工作，兴奋地和其他小朋友分享你的发现。

你最近对数学类操作材料特别感兴趣，显然正处于数学敏感期，老师

孩子的学习看得见

会继续观察你的行为,并增加一些数学材料,满足你和同样对数学产生兴趣的孩子的学习需要。

园长的话:处于数学敏感期的孩子会对数字概念如:"数、数字、数量关系、排列顺序、数运算"等突然发生极大的兴趣。他们对数的种种变化有着强烈的求知欲望,这就标志着幼儿数学敏感期的来临。在童年时代,幼儿的每个年龄阶段,都有其特殊的需求。如果这些需求在最突出、最敏感的时机没有给予满足,那么幼儿的某些能力发展将受到抑制。心理学家发现,一个人对数学是喜欢、厌恶还是恐惧,大多数是在幼儿阶段如何对待数学敏感期而造成的。

刘彦芝

有趣的多音字

徐小凤

观察幼儿：娄艳一　徐传淏　单子城　孟昱彤（6岁）
观察时间：2015年12月18日
观察地点：教室

今天分享图书时，你们几个疑惑地跑过来找我，娄艳一说："老师，我说是单（dān）爪龙，他们几个非说是单（shàn）爪龙。"这时，徐传淏和单子城说："老师，是单（shàn）爪龙，就是我姓的那个单。"娄艳一说："确实是单子城的单，但听起来很别扭，还是念单（dān）爪龙舒服，老师，这是怎么回事，我有点儿晕了。"看着这群小发现家，我内心激动不已。

"你们这个发现，太有趣了，想不想和老师一起讨论讨论？""想！"说完，几个小朋友叽叽喳喳发表着个人的看法。徐传淏抢先说："老师，就是单（shàn）爪龙。"说着还拿来了单子城的名字卡。孟昱彤说："我观察这只恐龙只有一只前爪，应该念单数的单，但它和单子城的姓又一样，我有点儿弄不清楚了。"好可爱的

孩子的学习看得见

孩子,最近一段时间,我发现我们班孩子对文字特别感兴趣。我想,是需要给他们解释的时候了。我把钢琴上的字典拿过来说:"让我们一起用字典查一查。"(以前,我和孩子们一起查过字。)借助字典孩子们模模糊糊地知道了一些,原来这个字有时候念单(dān),有时候念(shàn)。我继续说:"虽然是同一个字,但在具体情况下读音又不同,这就是多音字。但这个字在表示奇偶数时读dān,在表示姓或地方名时读shàn,还有一种读法表示古代匈奴的君主读chán呢。"听到这里大家都放松了好多。"原来是这么回事啊!"娄艳一兴奋地说。

"那既然多音字这么有意思,你们想想还有哪个字是多音字?"我问。"我觉得长长的'长'和长大的'长'是一个字,它们是不是多音字?"娄艳一问我。"是啊,太棒了!"说着我向她竖起了大拇指。"是这么回事啊。"徐传淏兴奋地说。

"那大家如果谁再发现多音字就说出来和大家分享啊。"我说。小家伙们点了点头兴奋地走开了。

这是个由孩子们引发的学习,令我很激动。感谢字典的帮助,面对孩子们太多的"为什么",我想,我该准备一本百科全书了。我会继续关注孩子们对文字的兴趣。

园长的话:活动是由孩子们引发的,所以他们一直很兴奋、很主动,这和有计划地备好课组织他们学习,效果完全不同。你接下来的随机教育,将学习推向了深入,促进了孩子们的思维和语言表达能力的发展。"多音字"这个抽象的概念,在孩子们小小的心灵里也留下了很深的印记。追随孩子的学习使教育变得更加幸福。很期待你和孩子们更多精彩的故事。

刘彦芝

老师，看我投篮

李秀君

观察人物：张凌峰（5岁）

观察时间：2015年10月13日

观察地点：操场

户外活动时间，操场上孩子们有的在练习跳绳，有的在拍球，你（张凌峰）抱着篮球走到我身边说："李老师，看我投篮吧。"我说："好啊。"于是我跟你来到篮球架旁，原来你的弟弟俊杰也在。你拍了几下球后准确地把球投进了最高的框里，俊杰快速地跑去捡球，你叹了口气似乎对这次投篮不是很满意。

你的适应能力特别强，虽然来到新班级，但从来没有任何不适，也乐于与别人交往。

俊杰捡来球交给你，你来回跑着运球，球与地面发出砰砰的声响，这吸引了其他小朋友观看。你瞄准了篮筐，两膝微屈，右手五指托球，左手扶球，然后双脚用力腿伸直，右手向前一摆，球进了最高的篮球筐里，漂亮！你掩饰不住内心的喜悦，连说了两声："耶！耶！"我问："凌峰，谁教你打篮球，这么棒。"你说："我爸爸呀，李老师你知道吗，我爸爸休假时我们就一起打球，我还会打羽毛球、网球、橄榄球呢！"

孩子的学习看得见

你个子不高，但特别有力量和耐力，并且动作协调性和灵活性强，同时又非常自信、勇敢。

俊杰看到你连续进球，自己也想投篮，当俊杰双手直接将球举过头顶要投篮时，你阻止说："不是这样的，让我来。"说着双手去抱球，俊杰把球往后一甩，你抱了个空。这时正好俊杰班级要整队回教室，他把球扔给你就找自己班级站队去了，你边拍球边笑着说："唉，走了，下次再教弟弟打球吧。"

你规则意识强，喜欢帮助别人。

园长的话：这个喜欢打篮球的小男子汉，好可爱、率性，看来爸爸给予了他很多积极的影响。他自信、勇敢、乐于助人的特点表现得非常鲜明，如何推动他持续发展并影响带动其他小朋友，是你和其他配班老师以及家长接下来的课题。期待你和孩子们共同成长的更多精彩故事。

刘彦芝

照顾植物

郭莉

观察对象： 侯依晨（5岁）

观察时间： 2015年11月24日

观察地点： 本班教室

自从老师展示了照顾植物的工作，小朋友们对植物也更加关注了。今天区域活动时，你选择了照顾植物——清洗叶子的工作。你选择的第一盆植物是一帆风顺，你不知道这盆植物的名字，你问我："老师，它叫什么名字？""一帆风顺。"我说。你依次取来喷壶、水盆、海绵，然后去接了水。你把海绵放到水盆里浸湿，由于水盆里的水接得过多，在浸湿海绵时，水有些溢出，你似乎发现了问题所在，你小心地用双手攥干水，然后右手拿着海绵，左手扶住叶片，用海绵开始认真地

擦拭叶面。正面，反面，专注、认真、沉静的样子好可爱。

你把叶片从上往下一片一片擦拭干净，到了下面的叶片，你轻轻地坐在椅子上擦拭。中间的叶子你更加小心，你轻轻地托住叶片，怕不小心折坏，全神贯注地看着自己手中的叶子，整个过程井然有序。

把整盆花擦拭完毕，你开始用喷水壶给它浇水，浇完水后，你便收拾整理桌面。

孩子的学习看得见

先把花盆周围的水擦干，当然还有水盆周围的水。小心地把一帆风顺这盆植物放回去之后，你又选择了一盆虎皮兰，这次你拿盆接水时，水位适中，不需要提示，你已经记住了。接好了水放到桌子上，你抬头对我说："老师，我要把教室里的植物都擦得干干净净。"你把海绵的水攥干，开始小心地擦拭虎皮兰的叶子了，一个半小时的区域活动时间里，你都在认真地照顾植物，表情认真、愉悦、沉静。

园长的话：孩子能够独立完成某项工作的同时，孩子的自我尊重和自信就可以得到发展，通过发展他们的日常生活技能——照顾自己和照顾环境，可以发展孩子的手眼协调能力，培养孩子的爱心和责任感。这样的孩子往往会表现出旺盛的自发活动力，独立能力强，爱好秩序，喜爱学习胜于玩耍，喜爱反复地集中工作（操作材料、学习），也有主见。接下来你们可以把照顾植物的工作和科学教育紧密结合起来，引领孩子一起探究植物的奥秘。

刘彦芝

走进生活，走进自然

王军艳

观察对象：大一幼儿（5岁—6岁）

观察时间：2015年7月

观察地点：种植园的草莓地

午餐后散步时，我和孩子们一起来到了后院的种植园，想看一看我班种的草莓。这时夏德轩跑过来告诉我："老师，草莓地里有草了，我们把草除干净吧。"接着传来了好几位小朋友的附和声："是啊，我们帮草莓除草吧。"小小的一块种植园，孩子们从翻土、种植、拔草、浇水做起，经历了很多也成长了很多。我灵机一动，一个很好的教育契机在我头脑中浮现，于是我说："我们今天要来帮草莓地除草，那你们知道什么样子的是草吗？"

孩子们没有说话，有的在低头观察，有的在思考。过了两分钟，夏德轩说："老师，我知道了，三个瓣的是草莓，这个心形的是喇叭花。"我说："那我们需要拔掉什么呀？"孩子们说："拔掉喇叭花。"我说："好的，那我们就把心形的喇叭花拔掉吧。"

孩子们开始行动起来，这时，于沐辰过来说："老师，你看我拔的草。"我低头一看，在她的手心里捧着两个喇叭花的叶子，我说："嗯，这样啊。"于是我也像她那样撕了两

孩子的学习看得见

片草叶子放在手里说："孩子们，你们看一看我拔的草怎么样？"郑悦哈哈大笑地说："老师，你这样拔不对，要把它全都拔起来。"我说："为什么啊？"夏德轩说："这样它就死掉了，就不会再长叶子了。"我说："行，那我们就把它们连根拔起吧。"我心想，于沐辰你听明白了吗？

拔草活动继续进行，喇叭花拔完以后，我指着一种植物问孩子们："孩子们，这是什么呀？"孩子们摇摇头说："不知道。"我说："那它是草莓吗？"孩子们说："不是，它是草。"我们除掉了一种又一种的草，也引发了孩子们对各种草的观察兴趣。很快草莓地里的草除干净了。最后我们拿着草来到小兔子家，给小兔子当点心。回教室的路上我说："孩子们，其实我们周围还有许许多多的草，大家发现以后可以带到教室我们一起去认识它们。"我很期待由此引发的孩子们接下来的活动。

教育家苏霍姆林斯基说："大自然是第一本教科书，是世界上最有趣的老师，她的教益无穷无尽。"让教育回归真实的生活，让幼儿回归自然的景观，这也是《指南》中蕴含的理念。意犹未尽中，我似乎对生活化教育又有了更深入的理解。

园长的话：真可谓"教育无痕"，一个小小的饭后散步，由于王老师的用心，竟然变得这么有趣，获得这么多的收获。幼儿园的教育就是这样，从入园到离园，每时每刻都在发生着。我们稍微分析一下就能知道：这里发展了孩子的观察辨别能力，获得了除掉杂草更利于所种植物的成长的经验，感受到了劳动的快乐，培养了劳动的技能和习惯，发展了语言表达能力，更重要的是引发了孩子们继续观察探究植物的兴趣。

成长是幸福的，期待你和孩子继续探究小草秘密的新故事。

刘彦芝

原来大家可以一起玩

徐小凤

观察对象： 徐传淏　陈雨煊　朱子涵　宋佳玮　单子城（5 岁）
观察时间： 2015 年 5 月 19 日
观察地点： 幼儿园操场

户外活动开始了，今天孩子们选择了玩轮胎，大家都拿着轮胎忙碌着，有想垒高爬过去的；有想摆在地上走平衡的……由于轮胎数量有限，大家拆了东墙补西墙，最后谁也没完成。

这时徐传淏大声地喊："大家都别动。"然后他迅速地摆成了约

10 米的走平衡轨道加四个叠加在一起的爬高轮胎，大家都纷纷上去走。这时，徐传淏又说："都别动。"说着就给小朋友做起示范，他认真地示范着，小朋友也认真地走着，大家各忙各的。陈雨煊走到爬高处时爬不上去了，她说："能不能拿下两个来。""不行，这是我们男生挑战专区。"徐传淏说着。并带着小男孩把小女生的几个轮胎也"抢"了过来，小女生见此情景，一个个都沮丧着脸，几个孩子用渴望的眼神看着我。

这时，朱子涵和宋佳玮作为女生代表找到了男生代表徐传浩和单子城理论起

孩子的学习看得见

来，经过一番理论后，徐传淏还是坚持要所有轮胎都给男生玩，单子城觉得这样做很不妥，于是两个男生代表再次商量时我们集合了。

在集合时我和大家一起讨论这几个问题：1.此刻大家的心情怎么样？2.今天的户外活动大家都玩到轮胎了吗？3.大家要怎样做，才能让所有人一起愉快地玩轮胎？对于这几个问题，大家都各抒己见，表达了自己的想法。

带着今天上午的讨论结果，下午我们又来到了操场上，孩子们自己分成了两组，这两组都是男女混合。很快他们分成了男生爬高轮胎组和女生彩虹桥组，有负责搬运的，有负责搭建的。大家很快建好了场地。

活动就这样有条不紊地进行着，孩子们脸上都洋溢着内心的喜悦，直到结束。

今天，让我看到了你们是一群能够自己发现问题的孩子。我看到了有想为小朋友找到问题处理问题，有组织意识、大局意识的徐传淏，也有能够代表女孩子与男孩子协商的朱子涵和宋佳玮，还有想出了比较合理处理方法的单子城。当遇到问题时，你们知道要相互协商，并且孩子们自信地表达自己的观点，并进行组织协调。你们也会互相倾听彼此的观点和感受，并且在下午的游戏中调整了游戏形式，真好！徐老师真为你们感到骄傲！

注：本篇学习故事，有幸经中国学前教育研究会北京教育科学研究院周菁博士指导修改。至此，我园教师对学习故事有了进一步的认识提高，在此一并表示感谢！

学会等待

张玉雪

观察对象： 单子城（5岁）
观察时间： 2015年9月21日
观察地点： 大一班教室

今天区域活动时，我看到你（单子城）一直在围着美工区的折纸区域转。你很清楚折纸区域每次只能进入5个小朋友，所以你拿着一张准备折纸的纸张，在折纸区走来走去。很显然，你非常渴望去折纸。

老师很懂你的心，但我还是说："单子城，要不，先选份其他工作，等折纸区有空位，你再来。"你摇了摇头，还是这样走来走去。所以我请你到美工区的等待区坐着等待。你百无聊赖地折着手里的纸。看到你在等待，我便去观察其他小朋友了。你知道折纸区的规则，也愿意去等待。

过了一会儿，我远远地发现你从椅子上站起来又走到了折纸区，看了看，你又默默走回等待区，可是眼睛一直盯着折纸区，似乎很着急不安。这个时候我观察到折纸区除了那5个小朋友周围还有几个小朋友，我知道你为什么着急不安了。我问你："你是不是怕折纸区有小朋友离开时，其他小朋友会抢在你前面进入折纸区？"你点了点头。我对你说："单子城，在等待区你是排在第一个的，不会发生其他小朋友插队的事情的。"你这才放下心来。

当你知道其他小朋友也会和你一样遵守规则时，你就放心地待在等待区了。没过一会儿，姜佳彤小朋友就打算离开折纸区，你赶紧问她是不是要离开，得到肯定答案后，你很开心地进入折纸区。

接下来的区域活动时间，你一直在折纸区，很满足地在折纸。

孩子的学习看得见

当今社会生活节奏越来越快，导致人们缺乏等待的耐心。这些成人身上的问题有时也会投射到幼儿身上，在心理学上被称为缺少一种重要的心理能力——自我延迟满足能力。缺乏这一能力的幼儿有一个共同的特征，就是不能等待。我班为小朋友准备了感觉发展教育区、科学区、数学区、美工绘画区、阅读区、建构区、小超市等满足幼儿个性化学习的区域，每个区域都有最适宜活动的人数规定。单子城和其他小朋友一样，显然也都很清楚这一规则。今天，单子城非常渴望去折纸，但在规则面前，他只能也愿意等待。我想这对他何尝不是一次很好的成长呢。

园长的话： 规则意识较强的人，自律能力也较强，较容易适应群体生活。我们的教育一直提倡要根据孩子的发展需要，提供丰富的操作材料，最大化地去满足幼儿的个性化学习，但这和规则的建立并不矛盾。因为没有规则地一味满足个性化需求，那将是混乱的局面。你和单子城的互动尺度把握得很好，当他有些耐不住的时候，你及时帮助他从思想上理解和接受了美工区只能同时容纳5个小朋友的规则，同时解除了他心理上的不安问题。在执行规则时，使每个小朋友感受到"规则是客观的，规则面前人人平等，老师也不例外"，这点很重要。

刘彦芝